HARRAP'S

Study Aid

SPANISH VERBS

Compiled by

LEXUS

Carm

HARRAP

This edition published by Chambers Harrap Publishers Ltd 2003
7 Hopetoun Crescent, Edinburgh, EH7 4AY

Previous edition published 1988

ISBN 0245 60725 0

Designed and typeset by Chambers Harrap Publishers Ltd
Printed in Great Britain by Clays Ltd, St Ives plc

CONTENTS

A GLOSSARY OF GRAMMATICAL TERMS

ACTIVE

The active form of a verb is the basic form as in *I remember him*. It is normally opposed to the **passive** form of the verb as in *he will be remembered*.

AUXILIARY

Auxiliary verbs are used to form **compound** tenses of other verbs, eg ***have*** in *I **have** seen* or ***will*** in *she **will** go*. The main auxiliary verbs in Spanish are **haber, ser** and **estar**.

COMPOUND

Compound **tenses** are verb tenses consisting of more than one element. In Spanish, the compound tenses of a verb are formed by the **auxiliary** verb and the **past participle**: *he comprado, fue destruido, estoy escribiendo.*

CONDITIONAL

This **mood** is used to describe what someone would do, or something that would happen if a condition were fulfilled (eg *I **would come** if I was well; the chair **would have broken** if he had sat on it*).

CONJUGATION

The conjugation of a verb is the set of different forms taken in the particular **tenses** and **moods** of that verb.

ENDING

The ending of a verb is determined by the **person** (1st/2nd/3rd) and **number** (singular/plural) of its subject.

IMPERATIVE

A **mood** used for giving orders (eg *stop!*, *don't go!*) or for making suggestions (eg *let's go*).

INDICATIVE

The normal form of a verb as in *I like, he came, we are trying*. It is opposed to the **subjunctive**, **conditional** and **imperative**.

INFINITIVE

The infinitive is the form of the verb as found in dictionaries. Thus *to eat, to finish, to take* are infinitives. In Spanish, all infinitives end in **-ar, -er** or **-ir**: *hablar, comer, vivir.*

MOOD

The name given to the four main areas within which a verb is conjugated. See INDICATIVE, SUBJUNCTIVE, CONDITIONAL, IMPERATIVE.

PASSIVE

A verb is used in the passive when the subject of the verb does not perform the action but is subjected to it. In English, the passive is formed with a part of the verb *to be* and the **past participle** of the verb, eg *he was rewarded*.

PAST PARTICIPLE

The past participle of a verb is the form which is used after *to have* in English, eg *I have* ***eaten****, I have* ***said****, you have* ***tried***.

PERSON

In any **tense**, there are three persons in the singular (1st: *I* ..., 2nd: *you* ..., 3rd: *he/she/it* ...), and three in the plural (1st: *we* ..., 2nd: *you* ..., 3rd: *they* ...). Note that in Spanish the 3rd person is also used with the pronouns *usted* and *ustedes* (which mean 'you').

PRESENT PARTICIPLE

The present participle is the verb form which ends in *-ing* in English (***-ando*** or ***-iendo*** in Spanish).

REFLEXIVE

Reflexive verbs 'reflect' the action back onto the subject (eg *I dressed myself*). They are always found with a reflexive pronoun and are more common in Spanish than in English.

SUBJUNCTIVE

The subjunctive is a verb form which is rarely used in English (eg *if I were you, God save the Queen*). It is more common in Spanish.

SUBORDINATE CLAUSE

A group of words with a subject and a verb which is dependent on another clause. For example, in *he said he would leave, he would leave* is the subordinate clause dependent on *he said*.

STEM

See VERB STEM.

TENSE

Verbs are used in tenses, which indicate when an action takes place, eg in the present, the past, the future.

VERB STEM

The stem of a verb is its 'basic unit' to which the various endings are added. To find the stem of a Spanish verb remove the ***-ar, -er*** or ***-ir*** from the infinitive. The stem of *hablar* is *habl*, of *comer* is *com*, of *vivir* is *viv*.

VOICE

The two voices of a verb are its **active** and **passive** forms.

INTRODUCTION

A. TYPES OF VERB

There are three conjugations for Spanish verbs. The ending of the infinitive indicates which conjugation the verb belongs to.

all verbs ending in **-ar** belong to the first conjugation, eg **hablar**

all verbs ending in **-er** belong to the second conjugation, eg **comer**

all verbs ending in **-ir** belong to the third conjugation, eg **vivir**

All regular verbs follow the pattern of one of these conjugations.

Models for these and for a considerable number of irregular verbs are given in the verb tables of this book.

B. USE OF TENSES

Tenses are formed by adding various endings to the stem of the verb (ie the verb minus **-ar, -er, -ir**).

The following section gives explanations and examples of usage of the various verb tenses and moods that are listed in the verb tables in this book.

1. The ***PRESENT TENSE*** is used (as in English):

i) to express present states:
estoy enfermo
I am ill

ii) to express general or universal truths:
la vida es dura
life is difficult
el tiempo es oro
time is money

iii) to express the future:
vuelvo ahora mismo
I'll be right back
mañana mismo lo termino
I will finish it tomorrow

iv) to translate the English present progressive:
vivo en Glasgow
I am living in Glasgow

estudio español
I am studying Spanish

The *PRESENT PROGRESSIVE* is formed with the present tense of **ESTAR** plus the present participle of the verb (for example: **¿qué estas haciendo?** what are you doing?; **están escuchando la radio** they're listening to the radio). It is used:

i) when an activity is actually taking place:
estoy escribiendo una carta
I am writing a letter

ii) for an activity begun in the past and continuing into the present even if it is not happening at the moment:
estoy escribiendo un libro
I am writing a book

2. The *IMPERFECT TENSE* is used:

i) to express something that was going on in the past:
hacía mucho ruido
it was making a lot of noise

ii) to refer specially to something that continued over a period of time as opposed to something that happened at a specific point in time:
mientras veíamos la televisión, un ladrón entró por la ventana
while we were watching television, a thief came in through the window

iii) to describe a habitual action that used to take place in the past:
cuando era pequeño iba de vacaciones a Mallorca
when I was young I used to go on holiday to Majorca

iv) to describe or set the background of a story:
el sol brillaba
the sun was shining

The *IMPERFECT PROGRESSIVE*. Like the present tense, [the imper]fect has a progressive form, formed with the imperfect o[f estar] plus the present participle of the verb:

estábamos tomando el sol
we were sunbathing

3. The ***PERFECT TENSE*** is generally used (as in English) to express an action in the past without referring to a particular time. It usually describes an action that continues into the present or relates to the present:

he conocido a tu hermano
I have met your brother

hemos estado en una discoteca
we have been to a club

4. The ***PRETERITE*** is used to express an action that has been completed in the past:

ayer fui a la discoteca
yesterday I went to the club

Pedro me llamó por teléfono
Peter phoned me

5. The ***PLUPERFECT TENSE*** is used:

i) (as in English) to express what someone had done or had been doing or something that had happened or had been happening in the past:

mi amiga había llamado por teléfono
my friend had phoned

ii) to express a past action completed before another past action:

cuando llegué Elena ya se había marchado
when I arrived Elena had already gone

TURE TENSE is used as in English to express future matters:

este verano iré a España
this summer I'll go to Spain

he future can also be expressed by using the verb **ir** in the present lus the preposition **a** followed by an infinitive:

voy a estudiar
I am going to study

van a comer con unos amigos
they are going to eat with some friends

Note that the future is often expressed by the present tense in Spanish (see I. iii above).

7. The *FUTURE PERFECT TENSE*:

i) is used to indicate that an action in the future will be completed by the time a second action applies:

lo habré terminado antes de que lleguen
I will have finished it before they arrive

ii) can be used in Spanish to express a supposition about the present:

lo habrá olvidado
he'll have forgotten it

8. The *PRESENT CONDITIONAL* is used:

i) in certain phrases to express a wish:

me gustaría conocer a tu hermano
I would like to meet your brother

ii) to refer to what would happen or what someone would do under certain circumstances:

si pasara eso, me pondría muy contento
if that happened, I would be very pleased

9. The *PAST CONDITIONAL* is used to express what would have happened if something else had not interfered:

si hubieras llegado antes, lo habrías visto
if you had arrived earlier, you would have seen it

10. The *PAST ANTERIOR* is used in literary Spanish, and is preceded by an adverb expressing time:

cuando hubo terminado, se levantó
when he had finished, he got up

11. The *SUBJUNCTIVE* is mainly used:

i) in conditional statements where the condition is unlikely to be fulfilled:

si tuviera más tiempo, iría de paseo
if I had more time, I would go for a walk

si me lo hubiera pedido, le habría prestado el dinero
if he had asked me, I would have lent him the money

si fuera mi cumpleaños
if it were my birthday

ii) in subordinate clauses following verbs that express a subjective idea or opinion:

siento que no puedas venir
I am sorry you can't come

mi madre quiere que vaya a la Universidad
my mother wants me to go to university

iii) with impersonal expressions:

es fácil que suspenda el examen
it's likely that she'll fail the exam

iv) with expressions of doubt:

no creo que quiera ir al cine
I don't think he will want to go to the cinema

dudo que lo sepa
I doubt whether he knows it

after relative clauses with indefinite, negative or interrogative antecedents:

¿conoces a alguien que no quiera ganar mucho dinero?
do you know anybody who doesn't want to earn a lot of money?

aquí no hay nadie que hable alemán
there is nobody here who can speak German

vi) in indefinite expressions when they imply an action in the future:

quienquiera que venga, le diré que no puede entrar
whoever comes, I'll tell him he can't come in

dondequiera que esté, le encontraré
wherever he is, I'll find him

vii) with verbs that imply a command or advice:

mi amiga me dijo que fuera a verla
my friend told me to go and see her

Carmen me aconsejó que dejara de fumar
Carmen advised me to stop smoking

viii) after certain conjunctions when they imply a future or uncertain action:

aunque llueva iré a los toros
even if it rains I'll go to the bullfight

The subjunctive is used with adverbs of time when the verb in the main clause is in the future, as we don't know if the action will take place:

en cuanto venga, se lo diré
as soon as he comes, I'll tell him

antes de que se vaya, hablaré con ella
before she goes, I'll talk to her

The choice of tense for the subjunctive depends on the tense of the main clause.

The present subjunctive is used when the verb in the main clause is in the present, future, perfect or imperative.

The imperfect subjunctive is used when the main verb is in the imperfect, preterite or the conditional.

The perfect subjunctive is used when the main verb is in the present or future and is followed by a clause which refers to a past action.

quiero que me escribas
I want you to write to me

nos pedirá que lo terminemos
he will ask us to finish it

me dijo que viniera
he told me to come

me gustaría que me escribieras
I would like you to write to me

dudo que haya llegado
I doubt whether he's arrived

12. The ***PRESENT PARTICIPLE*** is not very commonly used by itself.

i) It is used with the verb **estar** to form the progressive tenses:

estoy estudiando español
I am studying Spanish

estábamos comiendo una paella
we were eating a paella

ii) On its own it can be used to express the idea of 'by doing':

leyendo se aprende mucho
you learn a lot by reading

13. The ***PAST PARTICIPLE***, apart from its use to form the compound tenses, is also used on its own as an adjective:

ese condenado coche
that damned car

The *IMPERATIVE* is used to give orders or to make suggestions:

ven aquí
come here!

deja de hacer el tonto
stop being silly

ten cuidado
be careful

vámonos
let's go

The second persons of the imperative, when used in the *NEGATIVE*, are formed by using the second persons of the present subjunctive:

no corras tanto
don't run so much

15. The *INFINITIVE* is used:

i) after a preposition:

se fue sin hablar conmigo
he left without speaking to me

al abrir la puerta
on opening the door

ii) as the direct object of another verb:

pueden Vds pasar
you can go in

me gusta bailar
I like dancing

iii) as a noun (sometimes with an article):

el comer tanto no es bueno
eating so much is not good

16. The ***PASSIVE VOICE*** is formed by using the verb **ser** plus the past participle. The agent or person that executes the action is introduced by **por**. In the passive voice the past participle agrees with the subject:

el perro fue atropellado por un coche
the dog was run over by a car

las cartas han sido destruidas por el fuego
the letters have been destroyed by the fire

The passive voice is less commonly used in Spanish than in English and passive ideas can be expressed by:

i) using the reflexive pronoun **se** with the third person of the verb:

esa casa ya se ha vendido
that house has already been sold

ii) using the third person plural of the verb:

nos invitaron a una fiesta
we were invited to a party

iii) changing the roles of subject and agent:

la policía arrestó a los ladrones
the thieves were caught by the police

mi profesora escribió ese libro
that book was written by my teacher

An example of the full conjugation of a passive verb is given on the following page.

SER AMADO to be loved

PRESENT	IMPERFECT	FUTURE
1. soy amado	era amado	seré amado
2. eres amado	eras amado	serás amado
3. es amado	era amado	será amado
1. somos amados	éramos amados	seremos amados
2. sois amados	erais amados	seréis amados
3. son amados	eran amados	serán amados

PRETERITE	PERFECT	PLUPERFECT
1. fui amado	he sido amado	había sido amado
2. fuiste amado	has sido amado	habías sido amado
3. fue amado	ha sido amado	había sido amado
1. fuimos amados	hemos sido amados	habíamos sido amados
2. fuisteis amados	habéis sido amados	habíais sido amados
3. fueron amados	han sido amados	habían sido amados

PAST ANTERIOR
hube sido amado etc

FUTURE PERFECT
habré sido amado etc

CONDITIONAL

PRESENT	PAST
1. sería amado	habría sido amado
2. serías amado	habrías sido amado
3. sería amado	habría sido amado
1. seríamos amados	habríamos sido amados
2. seríais amados	habríais sido amados
3. serían amados	habrían sido amados

IMPERATIVE

SUBJUNCTIVE

PRESENT	IMPERFECT	PLUPERFECT
1. sea amado	fu-era/ese amado	hubiera sido amado
2. seas amado	fu-eras/eses amado	hubieras sido amado
3. sea amado	fu-era/ese amado	hubiera sido amado
1. seamos amados	fu-éramos/ésemos amados	hubiéramos sido amados
2. seáis amados	fu-erais/eseis amados	hubierais sido amados
3. sean amados	fu-eran/esen amados	hubieran sido amados

PERFECT haya sido amado etc

INFINITIVE	*PARTICIPLE*
PRESENT	**PRESENT**
ser amado	siendo amado
PAST	**PAST**
haber sido amado	sido amado

C. 'SER' AND 'ESTAR'

Both verbs translate the verb 'to be'.

SER is used to express:

i) identity:

soy Elena
I am Elena

es mi prima
she is my cousin

ii) origin or nationality:

él es de Madrid
he is from Madrid

mis amigos son escoceses
my friends are Scottish

iii) inherent quality or characteristics:

la playa es grande
the beach is big

mi profesor es muy amable
my teacher is very kind

iv) occupation:

mi novio es arquitecto
my boyfriend is an architect

v) possession:

ese libro es de Teresa
that book is Teresa's

vi) the material from which something is made:

la mesa es de madera
the table is made of wood

vii) expressions of time:

es la una y media
it's half past one

mañana es domingo
tomorrow is Sunday

viii) most impersonal expressions:

es mejor levantarse temprano
it's better to get up early

ix) to form the passive voice (see page xvii)

ESTAR is used:

i) to indicate where someone or something is:

el hotel está en la calle principal
the hotel is in the main street

España está en Europa
Spain is in Europe

ii) to express a temporary state or condition:

ese hombre está borracho
that man is drunk

el agua está fría
the water is cold

iii) to form the progressive tenses:

estamos viendo la televisión
we are watching television

Some words change their meaning when used with **ser** or **estar**:

estoy listo
I am ready

es listo
he is clever

Note: In the verb tables the numbers 1, 2, 3 indicate the first, second and third person of the verb. In each block the second 1, 2, 3 are the plural forms. Note that the formal second person pronouns 'usted' and 'ustedes' – 'you' in the singular and plural – are used with the third person of the verb.

For an important note on the use of the imperative see page xvi.

The pluperfect subjunctive is shown with the "hubiera" form of the auxiliary. The alternative "hubiese" form can also be used - see "haber" (verb table 111) for the full conjugation.

ABANDONAR to abandon

	PRESENT	IMPERFECT	FUTURE
1.	abandono	abandonaba	abandonaré
2.	abandonas	abandonabas	abandonarás
3.	abandona	abandonaba	abandonará
1.	abandonamos	abandonábamos	abandonaremos
2.	abandonáis	abandonabais	abandonaréis
3.	abandonan	abandonaban	abandonarán

	PRETERITE	PERFECT	PLUPERFECT
1.	abandoné	he abandonado	había abandonado
2.	abandonaste	has abandonado	habías abandonado
3.	abandonó	ha abandonado	había abandonado
1.	abandonamos	hemos abandonado	habíamos abandonado
2.	abandonasteis	habéis abandonado	habíais abandonado
3.	abandonaron	han abandonado	habían abandonado

PAST ANTERIOR
hube abandonado etc

FUTURE PERFECT
habré abandonado etc

CONDITIONAL

IMPERATIVE

	PRESENT	PAST	
1.	abandonaría	habría abandonado	
2.	abandonarías	habrías abandonado	(tú) abandona
3.	abandonaría	habría abandonado	(Vd) abandone
1.	abandonaríamos	habríamos abandonado	(nosotros) abandonemos
2.	abandonaríais	habríais abandonado	(vosotros) abandonad
3.	abandonarían	habrían abandonado	(Vds) abandonen

SUBJUNCTIVE

	PRESENT	IMPERFECT	PLUPERFECT
1.	abandone	abandon-ara/ase	hubiera abandonado
2.	abandones	abandon-aras/ases	hubieras abandonado
3.	abandone	abandon-ara/ase	hubiera abandonado
1.	abandonemos	abandon-áramos/ásemos	hubiéramos abandonado
2.	abandonéis	abandon-arais/aseis	hubierais abandonado
3.	abandonen	abandon-aran/asen	hubieran abandonado

PERFECT haya abandonado etc

INFINITIVE	*PARTICIPLE*
PRESENT	**PRESENT**
abandonar	abandonando
PAST	**PAST**
haber abandonado	abandonado

.SENT	IMPERFECT	FUTURE
	abolía	aboliré
	abolías	abolirás
.	abolía	abolirá
ı. abolimos	abolíamos	aboliremos
2. abolís	abolíais	aboliréis
3.	abolían	abolirán

PRETERITE	PERFECT	PLUPERFECT
1. abolí	he abolido	había abolido
2. aboliste	has abolido	habías abolido
3. abolió	ha abolido	había abolido
1. abolimos	hemos abolido	habíamos abolido
2. abolisteis	habéis abolido	habíais abolido
3. abolieron	han abolido	habían abolido

PAST ANTERIOR	FUTURE PERFECT
hube abolido etc	habré abolido etc

CONDITIONAL / *IMPERATIVE*

PRESENT	PAST	
1. aboliría	habría abolido	
2. abolirías	habrías abolido	
3. aboliría	habría abolido	
1. aboliríamos	habríamos abolido	(nosotros) abolamos
2. aboliríais	habríais abolido	(vosotros) abolid
3. abolirían	habrían abolido	

SUBJUNCTIVE

PRESENT	IMPERFECT	PLUPERFECT
1.	abol-iera/iese	hubiera abolido
2.	abol-ieras/ieses	hubieras abolido
3.	abol-iera/iese	hubiera abolido
1.	abol-iéramos/iésemos	hubiéramos abolido
2.	abol-ierais/ieseis	hubierais abolido
3.	abol-ieran/iesen	hubieran abolido

PERFECT haya abolido etc

INFINITIVE	*PARTICIPLE*
PRESENT	**PRESENT**
abolir	aboliendo
PAST	**PAST**
haber abolido	abolido

ABORRECER to loathe

PRESENT	IMPERFECT	FUTURE
1. aborrezco	aborrecía	aborreceré
2. aborreces	aborrecías	aborrecerás
3. aborrece	aborrecía	aborrecerá
1. aborrecemos	aborrecíamos	aborreceremos
2. aborrecéis	aborrecíais	aborreceréis
3. aborrecen	aborrecían	aborrecerán

PRETERITE	PERFECT	PLUPERFECT
1. aborrecí	he aborrecido	había aborrecido
2. aborreciste	has aborrecido	habías aborrecido
3. aborreció	ha aborrecido	había aborrecido
1. aborrecimos	hemos aborrecido	habíamos aborrecido
2. aborrecisteis	habéis aborrecido	habíais aborrecido
3. aborrecieron	han aborrecido	habían aborrecido

PAST ANTERIOR
hube aborrecido etc

FUTURE PERFECT
habré aborrecido etc

CONDITIONAL

PRESENT	PAST	*IMPERATIVE*
1. aborrecería	habría aborrecido	
2. aborrecerías	habrías aborrecido	(tú) aborrece
3. aborrecería	habría aborrecido	(Vd) aborrezca
1. aborreceríamos	habríamos aborrecido	(nosotros) aborrezcamos
2. aborreceríais	habríais aborrecido	(vosotros) aborreced
3. aborrecerían	habrían aborrecido	(Vds) aborrezcan

SUBJUNCTIVE

PRESENT	IMPERFECT	PLUPERFECT
1. aborrezca	aborrec-iera/iese	hubiera aborrecido
2. aborrezcas	aborrec-ieras/ieses	hubieras aborrecido
3. aborrezca	aborrec-iera/iese	hubiera aborrecido
1. aborrezcamos	aborrec-iéramos/iésemos	hubiéramos aborrecido
2. aborrezcáis	aborrec-ierais/ieseis	hubierais aborrecido
3. aborrezcan	aborrec-ieran/iesen	hubieran aborrecido

PERFECT haya aborrecido etc

INFINITIVE	*PARTICIPLE*
PRESENT	**PRESENT**
aborrecer	aborreciendo
PAST	**PAST**
haber aborrecido	aborrecido

ABRIR to open

ENT	IMPERFECT	FUTURE
ro	abría	abriré
ores	abrías	abrirás
abre	abría	abrirá
abrimos	abríamos	abriremos
.. abrís	abríais	abriréis
3. abren	abrían	abrirán

PRETERITE	PERFECT	PLUPERFECT
1. abrí	he abierto	había abierto
2. abriste	has abierto	habías abierto
3. abrió	ha abierto	había abierto
1. abrimos	hemos abierto	habíamos abierto
2. abristeis	habéis abierto	habíais abierto
3. abrieron	han abierto	habían abierto

PAST ANTERIOR
hube abierto etc

FUTURE PERFECT
habré abierto etc

CONDITIONAL		*IMPERATIVE*
PRESENT	**PAST**	
1. abriría	habría abierto	
2. abrirías	habrías abierto	(tú) abre
3. abriría	habría abierto	(Vd) abra
1. abriríamos	habríamos abierto	(nosotros) abramos
2. abriríais	habríais abierto	(vosotros) abrid
3. abrirían	habrían abierto	(Vds) abran

SUBJUNCTIVE

PRESENT	IMPERFECT	PLUPERFECT
1. abra	abr-iera/iese	hubiera abierto
2. abras	abr-ieras/ieses	hubieras abierto
3. abra	abr-iera/iese	hubiera abierto
1. abramos	abr-iéramos/iésemos	hubiéramos abierto
2. abráis	abr-ierais/ieseis	hubierais abierto
3. abran	abr-ieran/iesen	hubieran abierto

PERFECT haya abierto etc

INFINITIVE	*PARTICIPLE*
PRESENT	**PRESENT**
abrir	abriendo
PAST	**PAST**
haber abierto	abierto

ACABAR to finish

PRESENT	IMPERFECT	FUTURE
1. acabo	acababa	acabaré
2. acabas	acababas	acabarás
3. acaba	acababa	acabará
1. acabamos	acabábamos	acabaremos
2. acabáis	acababais	acabaréis
3. acaban	acababan	acabarán

PRETERITE	PERFECT	PLUPERFECT
1. acabé	he acabado	había acabado
2. acabaste	has acabado	habías acabado
3. acabó	ha acabado	había acabado
1. acabamos	hemos acabado	habíamos acabado
2. acabasteis	habéis acabado	habíais acabado
3. acabaron	han acabado	habían acabado

PAST ANTERIOR
hube acabado etc

FUTURE PERFECT
habré acabado etc

CONDITIONAL

PRESENT	PAST	*IMPERATIVE*
1. acabaría	habría acabado	
2. acabarías	habrías acabado	(tú) acaba
3. acabaría	habría acabado	(Vd) acabe
1. acabaríamos	habríamos acabado	(nosotros) acabemos
2. acabaríais	habríais acabado	(vosotros) acabad
3. acabarían	habrían acabado	(Vds) acaben

SUBJUNCTIVE

PRESENT	IMPERFECT	PLUPERFECT
1. acabe	acab-ara/ase	hubiera acabado
2. acabes	acab-aras/ases	hubieras acabado
3. acabe	acab-ara/ase	hubiera acabado
1. acabemos	acab-áramos/ásemos	hubiéramos acabado
2. acabéis	acab-arais/aseis	hubierais acabado
3. acaben	acab-aran/asen	hubieran acabado

PERFECT haya acabado etc

INFINITIVE	*PARTICIPLE*
PRESENT	**PRESENT**
acabar	acabando
PAST	**PAST**
haber acabado	acabado

PRESENT	IMPERFECT	FUTURE
1. acentúo	acentuaba	acentuaré
2. acentúas	acentuabas	acentuarás
3. acentúa	acentuaba	acentuará
1. acentuamos	acentuábamos	acentuaremos
2. acentuáis	acentuabais	acentuaréis
3. acentúan	acentuaban	acentuarán

PRETERITE	PERFECT	PLUPERFECT
1. acentué	he acentuado	había acentuado
2. acentuaste	has acentuado	habías acentuado
3. acentuó	ha acentuado	había acentuado
1. acentuamos	hemos acentuado	habíamos acentuado
2. acentuasteis	habéis acentuado	habíais acentuado
3. acentuaron	han acentuado	habían acentuado

PAST ANTERIOR		FUTURE PERFECT
hube acentuado etc		habré acentuado etc

CONDITIONAL		*IMPERATIVE*
PRESENT	**PAST**	
1. acentuaría	habría acentuado	
2. acentuarías	habrías acentuado	(tú) acentúa
3. acentuaría	habría acentuado	(Vd) acentúe
1. acentuaríamos	habríamos acentuado	(nosotros) acentuemos
2. acentuaríais	habríais acentuado	(vosotros) acentuad
3. acentuarían	habrían acentuado	(Vds) acentúen

SUBJUNCTIVE

PRESENT	IMPERFECT	PLUPERFECT
1. acentúe	acentu-ara/ase	hubiera acentuado
2. acentúes	acentu-aras/ases	hubieras acentuado
3. acentúe	acentu-ara/ase	hubiera acentuado
1. acentuemos	acentu-áramos/ásemos	hubiéramos acentuado
2. acentuéis	acentu-arais/aseis	hubierais acentuado
3. acentúen	acentu-aran/asen	hubieran acentuado

PERFECT haya acentuado etc

INFINITIVE	*PARTICIPLE*
PRESENT	**PRESENT**
acentuar	acentuando
PAST	**PAST**
haber acentuado	acentuado

ACERCARSE to approach

PRESENT	IMPERFECT	FUTURE
1. me acerco	me acercaba	me acercaré
2. te acercas	te acercabas	te acercarás
3. se acerca	se acercaba	se acercará
1. nos acercamos	nos acercábamos	nos acercaremos
2. os acercáis	os acercabais	os acercaréis
3. se acercan	se acercaban	se acercarán

PRETERITE	PERFECT	PLUPERFECT
1. me acerqué	me he acercado	me había acercado
2. te acercaste	te has acercado	te habías acercado
3. se acercó	se ha acercado	se había acercado
1. nos acercamos	nos hemos acercado	nos habíamos acercado
2. os acercasteis	os habéis acercado	os habíais acercado
3. se acercaron	se han acercado	se habían acercado

PAST ANTERIOR
me hube acercado etc

FUTURE PERFECT
me habré acercado etc

CONDITIONAL

PRESENT	PAST
1. me acercaría	me habría acercado
2. te acercarías	te habrías acercado
3. se acercaría	se habría acercado
1. nos acercaríamos	nos habríamos acercado
2. os acercaríais	os habríais acercado
3. se acercarían	se habrían acercado

IMPERATIVE

(tú) acércate
(Vd) acérquese
(nosotros) acerquémonos
(vosotros) acercaos
(Vds) acérquense

SUBJUNCTIVE

PRESENT	IMPERFECT	PLUPERFECT
1. me acerque	me acerc-ara/ase	me hubiera acercado
2. te acerques	te acerc-aras/ases	te hubieras acercado
3. se acerque	se acerc-ara/ase	se hubiera acercado
1. nos acerquemos	nos acerc-áramos/ásemos	nos hubiéramos acercado
2. os acerquéis	os acerc-arais/aseis	os hubierais acercado
3. se acerquen	se acerc-aran/asen	se hubieran acercado

PERFECT me haya acercado etc

INFINITIVE	*PARTICIPLE*
PRESENT	**PRESENT**
acercarse	acercándose
PAST	**PAST**
haberse acercado	acercado

ACORDARSE to remember

PRESENT	IMPERFECT	FUTURE
1. me acuerdo	me acordaba	me acordaré
2. te acuerdas	te acordabas	te acordarás
3. se acuerda	se acordaba	se acordará
1. nos acordamos	nos acordábamos	nos acordaremos
2. os acordáis	os acordabais	os acordaréis
3. se acuerdan	se acordaban	se acordarán

PRETERITE	PERFECT	PLUPERFECT
1. me acordé	me he acordado	me había acordado
2. te acordaste	te has acordado	te habías acordado
3. se acordó	se ha acordado	se había acordado
1. nos acordamos	nos hemos acordado	nos habíamos acordado
2. os acordasteis	os habéis acordado	os habíais acordado
3. se acordaron	se han acordado	se habían acordado

PAST ANTERIOR		FUTURE PERFECT
me hube acordado etc		me habré acordado etc

CONDITIONAL		*IMPERATIVE*
PRESENT	PAST	
1. me acordaría	me habría acordado	
2. te acordarías	te habrías acordado	(tú) acuérdate
3. se acordaría	se habría acordado	(Vd) acuérdese
1. nos acordaríamos	nos habríamos acordado	(nosotros) acordémonos
2. os acordaríais	os habríais acordado	(vosotros) acordaos
3. se acordarían	se habrían acordado	(Vds) acuérdense

SUBJUNCTIVE

PRESENT	IMPERFECT	PLUPERFECT
1. me acuerde	me acord-ara/ase	me hubiera acordado
2. te acuerdes	te acord-aras/ases	te hubieras acordado
3. se acuerde	se acord-ara/ase	se hubiera acordado
1. nos acordemos	nos acord-áramos/ásemos	nos hubiéramos acordado
2. os acordéis	os acord-arais/aseis	os hubierais acordado
3. se acuerden	se acord-aran/asen	se hubieran acordado

PERFECT me haya acordado etc

INFINITIVE	*PARTICIPLE*
PRESENT	PRESENT
acordarse	acordándose
PAST	PAST
haberse acordado	acordado

ADQUIRIR to acquire

PRESENT	IMPERFECT	FUTURE
1. adquiero	adquiría	adquiriré
2. adquieres	adquirías	adquirirás
3. adquiere	adquiría	adquirirá
1. adquirimos	adquiríamos	adquiriremos
2. adquirís	adquiríais	adquiriréis
3. adquieren	adquirían	adquirirán

PRETERITE	PERFECT	PLUPERFECT
1. adquirí	he adquirido	había adquirido
2. adquiriste	has adquirido	habías adquirido
3. adquirió	ha adquirido	había adquirido
1. adquirimos	hemos adquirido	habíamos adquirido
2. adquiristeis	habéis adquirido	habíais adquirido
3. adquirieron	han adquirido	habían adquirido

PAST ANTERIOR		FUTURE PERFECT
hube adquirido etc		habré adquirido etc

CONDITIONAL / *IMPERATIVE*

PRESENT	PAST	
1. adquiriría	habría adquirido	
2. adquirirías	habrías adquirido	(tú) adquiere
3. adquiriría	habría adquirido	(Vd) adquiera
1. adquiriríamos	habríamos adquirido	(nosotros) adquiramos
2. adquiriríais	habríais adquirido	(vosotros) adquirid
3. adquirirían	habrían adquirido	(Vds) adquieran

SUBJUNCTIVE

PRESENT	IMPERFECT	PLUPERFECT
1. adquiera	adquir-iera/iese	hubiera adquirido
2. adquieras	adquir-ieras/ieses	hubieras adquirido
3. adquiera	adquir-iera/iese	hubiera adquirido
1. adquiramos	adquir-iéramos/iésemos	hubiéramos adquirido
2. adquiráis	adquir-ierais/ieseis	hubierais adquirido
3. adquieran	adquir-ieran/iesen	hubieran adquirido

PERFECT haya adquirido etc

INFINITIVE	*PARTICIPLE*
PRESENT	**PRESENT**
adquirir	adquiriendo
PAST	**PAST**
haber adquirido	adquirido

ESENT	IMPERFECT	FUTURE
agüero	agoraba	agoraré
agüeras	agorabas	agorarás
3. agüera	agoraba	agorará
1. agoramos	agorábamos	agoraremos
2. agoráis	agorabais	agoraréis
3. agüeran	agoraban	agorarán

PRETERITE	PERFECT	PLUPERFECT
1. agoré	he agorado	había agorado
2. agoraste	has agorado	habías agorado
3. agoró	ha agorado	había agorado
1. agoramos	hemos agorado	habíamos agorado
2. agorasteis	habéis agorado	habíais agorado
3. agoraron	han agorado	habían agorado

PAST ANTERIOR	FUTURE PERFECT
hube agorado etc	habré agorado etc

CONDITIONAL / *IMPERATIVE*

PRESENT	PAST	
1. agoraría	habría agorado	
2. agorarías	habrías agorado	(tú) agüera
3. agoraría	habría agorado	(Vd) agüere
1. agoraríamos	habríamos agorado	(nosotros) agoremos
2. agoraríais	habríais agorado	(vosotros) agorad
3. agorarían	habrían agorado	(Vds) agüeren

SUBJUNCTIVE

PRESENT	IMPERFECT	PLUPERFECT
1. agüere	agor-ara/ase	hubiera agorado
2. agüeres	agor-aras/ases	hubieras agorado
3. agüere	agor-ara/ase	hubiera agorado
1. agoremos	agor-áramos/ásemos	hubiéramos agorado
2. agoréis	agor-arais/aseis	hubierais agorado
3. agüeren	agor-aran/asen	hubieran agorado

PERFECT haya agorado etc

INFINITIVE	*PARTICIPLE*
PRESENT	**PRESENT**
agorar	agorando
PAST	**PAST**
haber agorado	agorado

AGRADECER to be grateful for, to thank

PRESENT	IMPERFECT	FUTURE
1. agradezco	agradecía	agradeceré
2. agradeces	agradecías	agradecerás
3. agradece	agradecía	agradecerá
1. agradecemos	agradecíamos	agradeceremos
2. agradecéis	agradecíais	agradeceréis
3. agradecen	agradecían	agradecerán

PRETERITE	PERFECT	PLUPERFECT
1. agradecí	he agradecido	había agradecido
2. agradeciste	has agradecido	habías agradecido
3. agradeció	ha agradecido	había agradecido
1. agradecimos	hemos agradecido	habíamos agradecido
2. agradecisteis	habéis agradecido	habíais agradecido
3. agradecieron	han agradecido	habían agradecido

PAST ANTERIOR	FUTURE PERFECT
hube agradecido etc	habré agradecido etc

CONDITIONAL / *IMPERATIVE*

PRESENT	PAST	IMPERATIVE
1. agradecería	habría agradecido	
2. agradecerías	habrías agradecido	(tú) agradece
3. agradecería	habría agradecido	(Vd) agradezca
1. agradeceríamos	habríamos agradecido	(nosotros) agradezcamos
2. agradeceríais	habríais agradecido	(vosotros) agradeced
3. agradecerían	habrían agradecido	(Vds) agradezcan

SUBJUNCTIVE

PRESENT	IMPERFECT	PLUPERFECT
1. agradezca	agradec-iera/iese	hubiera agradecido
2. agradezcas	agradec-ieras/ieses	hubieras agradecido
3. agradezca	agradec-iera/iese	hubiera agradecido
1. agradezcamos	agradec-iéramos/iésemos	hubiéramos agradecido
2. agradezcáis	agradec-ierais/ieseis	hubierais agradecido
3. agradezcan	agradec-ieran/iesen	hubieran agradecido

PERFECT haya agradecido etc

INFINITIVE	*PARTICIPLE*
PRESENT	**PRESENT**
agradecer	agradeciendo
PAST	**PAST**
haber agradecido	agradecido

ALCANZAR to catch, to reach

.SENT	IMPERFECT	FUTURE
alcanzo	alcanzaba	alcanzaré
alcanzas	alcanzabas	alcanzarás
. alcanza	alcanzaba	alcanzará
.. alcanzamos	alcanzábamos	alcanzaremos
2. alcanzáis	alcanzabais	alcanzaréis
3. alcanzan	alcanzaban	alcanzarán

PRETERITE	PERFECT	PLUPERFECT
1. alcancé	he alcanzado	había alcanzado
2. alcanzaste	has alcanzado	habías alcanzado
3. alcanzó	ha alcanzado	había alcanzado
1. alcanzamos	hemos alcanzado	habíamos alcanzado
2. alcanzasteis	habéis alcanzado	habíais alcanzado
3. alcanzaron	han alcanzado	habían alcanzado

PAST ANTERIOR		FUTURE PERFECT
hube alcanzado etc		habré alcanzado etc

CONDITIONAL / *IMPERATIVE*

PRESENT	PAST	
1. alcanzaría	habría alcanzado	
2. alcanzarías	habrías alcanzado	(tú) alcanza
3. alcanzaría	habría alcanzado	(Vd) alcance
1. alcanzaríamos	habríamos alcanzado	(nosotros) alcancemos
2. alcanzaríais	habríais alcanzado	(vosotros) alcanzad
3. alcanzarían	habrían alcanzado	(Vds) alcancen

SUBJUNCTIVE

PRESENT	IMPERFECT	PLUPERFECT
1. alcance	alcanz-ara/ase	hubiera alcanzado
2. alcances	alcanz-aras/ases	hubieras alcanzado
3. alcance	alcanz-ara/ase	hubiera alcanzado
1. alcancemos	alcanz-áramos/ásemos	hubiéramos alcanzado
2. alcancéis	alcanz-arais/aseis	hubierais alcanzado
3. alcancen	alcanz-aran/asen	hubieran alcanzado

PERFECT haya alcanzado etc

INFINITIVE	*PARTICIPLE*
PRESENT	**PRESENT**
alcanzar	alcanzando
PAST	**PAST**
haber alcanzado	alcanzado

ALMORZAR to have lunch

PRESENT	IMPERFECT	FUTURE
1. almuerzo	almorzaba	almorzaré
2. almuerzas	almorzabas	almorzarás
3. almuerza	almorzaba	almorzará
1. almorzamos	almorzábamos	almorzaremos
2. almorzáis	almorzabais	almorzaréis
3. almuerzan	almorzaban	almorzarán

PRETERITE	PERFECT	PLUPERFECT
1. almorcé	he almorzado	había almorzado
2. almorzaste	has almorzado	habías almorzado
3. almorzó	ha almorzado	había almorzado
1. almorzamos	hemos almorzado	habíamos almorzado
2. almorzasteis	habéis almorzado	habíais almorzado
3. almorzaron	han almorzado	habían almorzado

PAST ANTERIOR		FUTURE PERFECT
hube almorzado etc		habré almorzado etc

CONDITIONAL		*IMPERATIVE*
PRESENT	**PAST**	
1. almorzaría	habría almorzado	
2. almorzarías	habrías almorzado	(tú) almuerza
3. almorzaría	habría almorzado	(Vd) almuerce
1. almorzaríamos	habríamos almorzado	(nosotros) almorcemos
2. almorzaríais	habríais almorzado	(vosotros) almorzad
3. almorzarían	habrían almorzado	(Vds) almuercen

SUBJUNCTIVE

PRESENT	IMPERFECT	PLUPERFECT
1. almuerce	almorz-ara/ase	hubiera almorzado
2. almuerces	almorz-aras/ases	hubieras almorzado
3. almuerce	almorz-ara/ase	hubiera almorzado
1. almorcemos	almorz-áramos/ásemos	hubiéramos almorzado
2. almorcéis	almorz-arais/aseis	hubierais almorzado
3. almuercen	almorz-aran/asen	hubieran almorzado

PERFECT haya almorzado etc

INFINITIVE	*PARTICIPLE*
PRESENT	**PRESENT**
almorzar	almorzando
PAST	**PAST**
haber almorzado	almorzado

AMANECER to dawn

PRESENT	IMPERFECT	FUTURE
1. amanezco	amanecía	amaneceré
2. amaneces	amanecías	amanecerás
3. amanece	amanecía	amanecerá
1. amanecemos	amanecíamos	amaneceremos
2. amanecéis	amanecíais	amaneceréis
3. amanecen	amanecían	amanecerán

PRETERITE	PERFECT	PLUPERFECT
1. amanecí	he amanecido	había amanecido
2. amaneciste	has amanecido	habías amanecido
3. amaneció	ha amanecido	había amanecido
1. amanecimos	hemos amanecido	habíamos amanecido
2. amanecisteis	habéis amanecido	habíais amanecido
3. amanecieron	han amanecido	habían amanecido

PAST ANTERIOR
hube amanecido etc

FUTURE PERFECT
habré amanecido etc

CONDITIONAL

PRESENT	PAST
1. amanecería	habría amanecido
2. amanecerías	habrías amanecido
3. amanecería	habría amanecido
1. amaneceríamos	habríamos amanecido
2. amaneceríais	habríais amanecido
3. amanecerían	habrían amanecido

IMPERATIVE

(tú) amanece
(Vd) amanezca
(nosotros) amanezcamos
(vosotros) amaneced
(Vds) amanezcan

SUBJUNCTIVE

PRESENT	IMPERFECT	PLUPERFECT
1. amanezca	amanec-iera/iese	hubiera amanecido
2. amanezcas	amanec-ieras/ieses	hubieras amanecido
3. amanezca	amanec-iera/iese	hubiera amanecido
1. amanezcamos	amanec-iéramos/iésemos	hubiéramos amanecido
2. amanezcáis	amanec-ierais/ieseis	hubierais amanecido
3. amanezcan	amanec-ieran/iesen	hubieran amanecido

PERFECT haya amanecido etc

INFINITIVE

PRESENT
amanecer

PAST
haber amanecido

PARTICIPLE

PRESENT
amaneciendo

PAST
amanecido

NOTE

Normally used in third person singular.

ANDAR to walk, to go

PRESENT	IMPERFECT	FUTURE
1. ando	andaba	andaré
2. andas	andabas	andarás
3. anda	andaba	andará
1. andamos	andábamos	andaremos
2. andáis	andabais	andaréis
3. andan	andaban	andarán

PRETERITE	PERFECT	PLUPERFECT
1. anduve	he andado	había andado
2. anduviste	has andado	habías andado
3. anduvo	ha andado	había andado
1. anduvimos	hemos andado	habíamos andado
2. anduvisteis	habéis andado	habíais andado
3. anduvieron	han andado	habían andado

PAST ANTERIOR
hube andado etc

FUTURE PERFECT
habré andado etc

CONDITIONAL

PRESENT	PAST
1. andaría	habría andado
2. andarías	habrías andado
3. andaría	habría andado
1. andaríamos	habríamos andado
2. andaríais	habríais andado
3. andarían	habrían andado

IMPERATIVE

(tú) anda
(Vd) ande
(nosotros) andemos
(vosotros) andad
(Vds) anden

SUBJUNCTIVE

PRESENT	IMPERFECT	PLUPERFECT
1. ande	anduv-iera/iese	hubiera andado
2. andes	anduv-ieras/ieses	hubieras andado
3. ande	anduv-iera/iese	hubiera andado
1. andemos	anduv-iéramos/iésemos	hubiéramos andado
2. andéis	anduv-ierais/ieseis	hubierais andado
3. anden	anduv-ieran/iesen	hubieran andado

PERFECT haya andado etc

INFINITIVE

PRESENT
andar

PAST
haber andado

PARTICIPLE

PRESENT
andando

PAST
andado

RESENT	IMPERFECT	FUTURE
3. anochece	anochecía	anochecerá

PRETERITE	PERFECT	PLUPERFECT
3. anocheció	ha anochecido	había anochecido

PAST ANTERIOR		FUTURE PERFECT
hubo anochecido		habrá anochecido

CONDITIONAL | | *IMPERATIVE*

PRESENT	PAST	
3. anochecería	habría anochecido	

SUBJUNCTIVE

PRESENT	IMPERFECT	PLUPERFECT
3. anochezca	anochec-iera/iese	hubiera anochecido

PERFECT haya anochecido

INFINITIVE	*PARTICIPLE*
PRESENT	**PRESENT**
anochecer	anocheciendo
PAST	**PAST**
haber anochecido	anochecido

ANUNCIAR to announce

PRESENT	IMPERFECT	FUTURE
1. anuncio	anunciaba	anunciaré
2. anuncias	anunciabas	anunciarás
3. anuncia	anunciaba	anunciará
1. anunciamos	anunciábamos	anunciaremos
2. anunciáis	anunciabais	anunciaréis
3. anuncian	anunciaban	anunciarán

PRETERITE	PERFECT	PLUPERFECT
1. anuncié	he anunciado	había anunciado
2. anunciaste	has anunciado	habías anunciado
3. anunció	ha anunciado	había anunciado
1. anunciamos	hemos anunciado	habíamos anunciado
2. anunciasteis	habéis anunciado	habíais anunciado
3. anunciaron	han anunciado	habían anunciado

PAST ANTERIOR
hube anunciado etc

FUTURE PERFECT
habré anunciado etc

CONDITIONAL

PRESENT	PAST
1. anunciaría	habría anunciado
2. anunciarías	habrías anunciado
3. anunciaría	habría anunciado
1. anunciaríamos	habríamos anunciado
2. anunciaríais	habríais anunciado
3. anunciarían	habrían anunciado

IMPERATIVE

(tú) anuncia
(Vd) anuncie
(nosotros) anunciemos
(vosotros) anunciad
(Vds) anuncien

SUBJUNCTIVE

PRESENT	IMPERFECT	PLUPERFECT
1. anuncie	anunci-ara/ase	hubiera anunciado
2. anuncies	anunci-aras/ases	hubieras anunciado
3. anuncie	anunci-ara/ase	hubiera anunciado
1. anunciemos	anunci-áramos/ásemos	hubiéramos anunciado
2. anunciéis	anunci-arais/aseis	hubierais anunciado
3. anuncien	anunci-aran/asen	hubieran anunciado

PERFECT haya anunciado etc

INFINITIVE	*PARTICIPLE*
PRESENT	**PRESENT**
anunciar	anunciando
PAST	**PAST**
haber anunciado	anunciado

PRESENT	IMPERFECT	FUTURE
1. aparezco	aparecía	apareceré
2. apareces	aparecías	aparecerás
3. aparece	aparecía	aparecerá
1. aparecemos	aparecíamos	apareceremos
2. aparecéis	aparecíais	apareceréis
3. aparecen	aparecían	aparecerán

PRETERITE	PERFECT	PLUPERFECT
1. aparecí	he aparecido	había aparecido
2. apareciste	has aparecido	habías aparecido
3. apareció	ha aparecido	había aparecido
1. aparecimos	hemos aparecido	habíamos aparecido
2. aparecisteis	habéis aparecido	habíais aparecido
3. aparecieron	han aparecido	habían aparecido

PAST ANTERIOR
hube aparecido etc

FUTURE PERFECT
habré aparecido etc

CONDITIONAL / *IMPERATIVE*

PRESENT	PAST	
1. aparecería	habría aparecido	
2. aparecerías	habrías aparecido	(tú) aparece
3. aparecería	habría aparecido	(Vd) aparezca
1. apareceríamos	habríamos aparecido	(nosotros) aparezcamos
2. apareceríais	habríais aparecido	(vosotros) apareced
3. aparecerían	habrían aparecido	(Vds) aparezcan

SUBJUNCTIVE

PRESENT	IMPERFECT	PLUPERFECT
1. aparezca	aparec-iera/iese	hubiera aparecido
2. aparezcas	aparec-ieras/ieses	hubieras aparecido
3. aparezca	aparec-iera/iese	hubiera aparecido
1. aparezcamos	aparec-iéramos/iésemos	hubiéramos aparecido
2. aparezcáis	aparec-ierais/ieseis	hubierais aparecido
3. aparezcan	aparec-ieran/iesen	hubieran aparecido

PERFECT haya aparecido etc

INFINITIVE	*PARTICIPLE*
PRESENT	**PRESENT**
aparecer	apareciendo
PAST	**PAST**
haber aparecido	aparecido

APETECER to feel like

PRESENT	IMPERFECT	FUTURE
1. apetezco	apetecía	apeteceré
2. apeteces	apetecías	apetecerás
3. apetece	apetecía	apetecerá
1. apetecemos	apetecíamos	apeteceremos
2. apetecéis	apetecíais	apeteceréis
3. apetecen	apetecían	apetecerán

PRETERITE	PERFECT	PLUPERFECT
1. apetecí	he apetecido	había apetecido
2. apeteciste	has apetecido	habías apetecido
3. apeteció	ha apetecido	había apetecido
1. apetecimos	hemos apetecido	habíamos apetecido
2. apetecisteis	habéis apetecido	habíais apetecido
3. apetecieron	han apetecido	habían apetecido

PAST ANTERIOR
hube apetecido etc

FUTURE PERFECT
habré apetecido etc

CONDITIONAL		*IMPERATIVE*
PRESENT	**PAST**	
1. apetecería	habría apetecido	
2. apetecerías	habrías apetecido	(tú) apetece
3. apetecería	habría apetecido	(Vd) apetezca
1. apeteceríamos	habríamos apetecido	(nosotros) apetezcamos
2. apeteceríais	habríais apetecido	(vosotros) apeteced
3. apetecerían	habrían apetecido	(Vds) apetezcan

SUBJUNCTIVE

PRESENT	IMPERFECT	PLUPERFECT
1. apetezca	apetec-iera/iese	hubiera apetecido
2. apetezcas	apetec-ieras/ieses	hubieras apetecido
3. apetezca	apetec-iera/iese	hubiera apetecido
1. apetezcamos	apetec-iéramos/iésemos	hubiéramos apetecido
2. apetezcáis	apetec-ierais/ieseis	hubierais apetecido
3. apetezcan	apetec-ieran/iesen	hubieran apetecido

PERFECT haya apetecido etc

INFINITIVE	*PARTICIPLE*	*NOTE*
PRESENT	**PRESENT**	Normally used in third person only;
apetecer	apeteciendo	I feel like = me apetece
PAST	**PAST**	
haber apetecido	apetecido	

APRETAR to tighten (up), to squeeze

PRESENT	IMPERFECT	FUTURE
1. aprieto	apretaba	apretaré
2. aprietas	apretabas	apretarás
3. aprieta	apretaba	apretará
1. apretamos	apretábamos	apretaremos
2. apretáis	apretabais	apretaréis
3. aprietan	apretaban	apretarán

PRETERITE	PERFECT	PLUPERFECT
1. apreté	he apretado	había apretado
2. apretaste	has apretado	habías apretado
3. apretó	ha apretado	había apretado
1. apretamos	hemos apretado	habíamos apretado
2. apretasteis	habéis apretado	habíais apretado
3. apretaron	han apretado	habían apretado

PAST ANTERIOR
hube apretado etc

FUTURE PERFECT
habré apretado etc

CONDITIONAL		*IMPERATIVE*
PRESENT	**PAST**	
1. apretaría	habría apretado	
2. apretarías	habrías apretado	(tú) aprieta
3. apretaría	habría apretado	(Vd) apriete
1. apretaríamos	habríamos apretado	(nosotros) apretemos
2. apretaríais	habríais apretado	(vosotros) apretad
3. apretarían	habrían apretado	(Vds) aprieten

SUBJUNCTIVE

PRESENT	IMPERFECT	PLUPERFECT
1. apriete	apret-ara/ase	hubiera apretado
2. aprietes	apret-aras/ases	hubieras apretado
3. apriete	apret-ara/ase	hubiera apretado
1. apretemos	apret-áramos/ásemos	hubiéramos apretado
2. apretéis	apret-arais/aseis	hubierais apretado
3. aprieten	apret-aran/asen	hubieran apretado

PERFECT haya apretado etc

INFINITIVE	*PARTICIPLE*
PRESENT	**PRESENT**
apretar	apretando
PAST	**PAST**
haber apretado	apretado

APROBAR to approve, to pass

PRESENT	IMPERFECT	FUTURE
1. apruebo	aprobaba	aprobaré
2. apruebas	aprobabas	aprobarás
3. aprueba	aprobaba	aprobará
1. aprobamos	aprobábamos	aprobaremos
2. aprobáis	aprobabais	aprobaréis
3. aprueban	aprobaban	aprobarán

PRETERITE	PERFECT	PLUPERFECT
1. aprobé	he aprobado	había aprobado
2. aprobaste	has aprobado	habías aprobado
3. aprobó	ha aprobado	había aprobado
1. aprobamos	hemos aprobado	habíamos aprobado
2. aprobasteis	habéis aprobado	habíais aprobado
3. aprobaron	han aprobado	habían aprobado

PAST ANTERIOR		FUTURE PERFECT
hube aprobado etc		habré aprobado etc

CONDITIONAL | *IMPERATIVE*

PRESENT	PAST	
1. aprobaría	habría aprobado	
2. aprobarías	habrías aprobado	(tú) aprueba
3. aprobaría	habría aprobado	(Vd) apruebe
1. aprobaríamos	habríamos aprobado	(nosotros) aprobemos
2. aprobaríais	habríais aprobado	(vosotros) aprobad
3. aprobarían	habrían aprobado	(Vds) aprueben

SUBJUNCTIVE

PRESENT	IMPERFECT	PLUPERFECT
1. apruebe	aprob-ara/ase	hubiera aprobado
2. apruebes	aprob-aras/ases	hubieras aprobado
3. apruebe	aprob-ara/ase	hubiera aprobado
1. aprobemos	aprob-áramos/ásemos	hubiéramos aprobado
2. aprobéis	aprob-arais/aseis	hubierais aprobado
3. aprueben	aprob-aran/asen	hubieran aprobado

PERFECT haya aprobado etc

INFINITIVE	*PARTICIPLE*
PRESENT	**PRESENT**
aprobar	aprobando
PAST	**PAST**
haber aprobado	aprobado

PRESENT	IMPERFECT	FUTURE
1. arguyo	argüía	argüiré
2. arguyes	argüías	argüirás
3. arguye	argüía	argüirá
1. argüimos	argüíamos	argüiremos
2. argüís	argüíais	argüiréis
3. arguyen	argüían	argüirán

PRETERITE	PERFECT	PLUPERFECT
1. argüí	he argüido	había argüido
2. argüiste	has argüido	habías argüido
3. arguyó	ha argüido	había argüido
1. argüimos	hemos argüido	habíamos argüido
2. argüisteis	habéis argüido	habíais argüido
3. arguyeron	han argüido	habían argüido

PAST ANTERIOR	FUTURE PERFECT
hube argüido etc	habré argüido etc

CONDITIONAL / *IMPERATIVE*

PRESENT	PAST	
1. argüiría	habría argüido	
2. argüirías	habrías argüido	(tú) arguye
3. argüiría	habría argüido	(Vd) arguya
1. argüiríamos	habríamos argüido	(nosotros) arguyamos
2. argüiríais	habríais argüido	(vosotros) argüid
3. argüirían	habrían argüido	(Vds) arguyan

SUBJUNCTIVE

PRESENT	IMPERFECT	PLUPERFECT
1. arguya	argu-yera/yese	hubiera argüido
2. arguyas	argu-yeras/yeses	hubieras argüido
3. arguya	argu-yera/yese	hubiera argüido
1. arguyamos	argu-yéramos/yésemos	hubiéramos argüido
2. arguyáis	argu-yerais/yeseis	hubierais argüido
3. arguyan	argu-yeran/yesen	hubieran argüido

PERFECT haya argüido etc

INFINITIVE	*PARTICIPLE*
PRESENT	**PRESENT**
argüir	arguyendo
PAST	**PAST**
haber argüido	argüido

PRESENT	IMPERFECT	FUTURE
1. arranco	arrancaba	arrancaré
2. arrancas	arrancabas	arrancarás
3. arranca	arrancaba	arrancará
1. arrancamos	arrancábamos	arrancaremos
2. arrancáis	arrancabais	arrancaréis
3. arrancan	arrancaban	arrancarán

PRETERITE	PERFECT	PLUPERFECT
1. arranqué	he arrancado	había arrancado
2. arrancaste	has arrancado	habías arrancado
3. arrancó	ha arrancado	había arrancado
1. arrancamos	hemos arrancado	habíamos arrancado
2. arrancasteis	habéis arrancado	habíais arrancado
3. arrancaron	han arrancado	habían arrancado

PAST ANTERIOR
hube arrancado etc

FUTURE PERFECT
habré arrancado etc

CONDITIONAL

PRESENT	PAST	*IMPERATIVE*
1. arrancaría	habría arrancado	
2. arrancarías	habrías arrancado	(tú) arranca
3. arrancaría	habría arrancado	(Vd) arranque
1. arrancaríamos	habríamos arrancado	(nosotros) arranquemos
2. arrancaríais	habríais arrancado	(vosotros) arrancad
3. arrancarían	habrían arrancado	(Vds) arranquen

SUBJUNCTIVE

PRESENT	IMPERFECT	PLUPERFECT
1. arranque	arranc-ara/ase	hubiera arrancado
2. arranques	arranc-aras/ases	hubieras arrancado
3. arranque	arranc-ara/ase	hubiera arrancado
1. arranquemos	arranc-áramos/ásemos	hubiéramos arrancado
2. arranquéis	arranc-arais/aseis	hubierais arrancado
3. arranquen	arranc-aran/asen	hubieran arrancado

PERFECT haya arrancado etc

INFINITIVE	*PARTICIPLE*
PRESENT	**PRESENT**
arrancar	arrancando
PAST	**PAST**
haber arrancado	arrancado

ARREGLAR to mend, to arrange

PRESENT	IMPERFECT	FUTURE
1. arreglo	arreglaba	arreglaré
2. arreglas	arreglabas	arreglarás
3. arregla	arreglaba	arreglará
1. arreglamos	arreglábamos	arreglaremos
2. arregláis	arreglabais	arreglaréis
3. arreglan	arreglaban	arreglarán

PRETERITE	PERFECT	PLUPERFECT
1. arreglé	he arreglado	había arreglado
2. arreglaste	has arreglado	habías arreglado
3. arregló	ha arreglado	había arreglado
1. arreglamos	hemos arreglado	habíamos arreglado
2. arreglasteis	habéis arreglado	habíais arreglado
3. arreglaron	han arreglado	habían arreglado

PAST ANTERIOR
hube arreglado etc

FUTURE PERFECT
habré arreglado etc

CONDITIONAL / *IMPERATIVE*

PRESENT	PAST	
1. arreglaría	habría arreglado	
2. arreglarías	habrías arreglado	(tú) arregla
3. arreglaría	habría arreglado	(Vd) arregle
1. arreglaríamos	habríamos arreglado	(nosotros) arreglemos
2. arreglaríais	habríais arreglado	(vosotros) arreglad
3. arreglarían	habrían arreglado	(Vds) arreglen

SUBJUNCTIVE

PRESENT	IMPERFECT	PLUPERFECT
1. arregle	arregl-ara/ase	hubiera arreglado
2. arregles	arregl-aras/ases	hubieras arreglado
3. arregle	arregl-ara/ase	hubiera arreglado
1. arreglemos	arregl-áramos/ásemos	hubiéramos arreglado
2. arregléis	arregl-arais/aseis	hubierais arreglado
3. arreglen	arregl-aran/asen	hubieran arreglado

PERFECT haya arreglado etc

INFINITIVE	*PARTICIPLE*
PRESENT	**PRESENT**
arreglar	arreglando
PAST	**PAST**
haber arreglado	arreglado

ASCENDER to ascend

PRESENT	IMPERFECT	FUTURE
1. asciendo	ascendía	ascenderé
2. asciendes	ascendías	ascenderás
3. asciende	ascendía	ascenderá
1. ascendemos	ascendíamos	ascenderemos
2. ascendéis	ascendíais	ascenderéis
3. ascienden	ascendían	ascenderán
PRETERITE	**PERFECT**	**PLUPERFECT**
1. ascendí	he ascendido	había ascendido
2. ascendiste	has ascendido	habías ascendido
3. ascendió	ha ascendido	había ascendido
1. ascendimos	hemos ascendido	habíamos ascendido
2. ascendisteis	habéis ascendido	habíais ascendido
3. ascendieron	han ascendido	habían ascendido
PAST ANTERIOR		**FUTURE PERFECT**
hube ascendido etc		habré ascendido etc

CONDITIONAL		*IMPERATIVE*
PRESENT	**PAST**	
1. ascendería	habría ascendido	
2. ascenderías	habrías ascendido	(tú) asciende
3. ascendería	habría ascendido	(Vd) ascienda
1. ascenderíamos	habríamos ascendido	(nosotros) ascendamos
2. ascenderíais	habríais ascendido	(vosotros) ascended
3. ascenderían	habrían ascendido	(Vds) asciendan

SUBJUNCTIVE		
PRESENT	**IMPERFECT**	**PLUPERFECT**
1. ascienda	ascend-iera/iese	hubiera ascendido
2. asciendas	ascend-ieras/ieses	hubieras ascendido
3. ascienda	ascend-iera/iese	hubiera ascendido
1. ascendamos	ascend-iéramos/iésemos	hubiéramos ascendido
2. ascendáis	ascend-ierais/ieseis	hubierais ascendido
3. asciendan	ascend-ieran/iesen	hubieran ascendido

PERFECT haya ascendido etc

INFINITIVE	*PARTICIPLE*
PRESENT	**PRESENT**
ascender	ascendiendo
PAST	**PAST**
haber ascendido	ascendido

ASIR to seize, to grasp

PRESENT	IMPERFECT	FUTURE
1. asgo	asía	asiré
2. ases	asías	asirás
3. ase	asía	asirá
1. asimos	asíamos	asiremos
2. asís	asíais	asiréis
3. asen	asían	asirán

PRETERITE	PERFECT	PLUPERFECT
1. así	he asido	había asido
2. asiste	has asido	habías asido
3. asió	ha asido	había asido
1. asimos	hemos asido	habíamos asido
2. asisteis	habéis asido	habíais asido
3. asieron	han asido	habían asido

PAST ANTERIOR
hube asido etc

FUTURE PERFECT
habré asido etc

CONDITIONAL

PRESENT	PAST
1. asiría	habría asido
2. asirías	habrías asido
3. asiría	habría asido
1. asiríamos	habríamos asido
2. asiríais	habríais asido
3. asirían	habrían asido

IMPERATIVE

(tú) ase
(Vd) asga
(nosotros) asgamos
(vosotros) asid
(Vds) asgan

SUBJUNCTIVE

PRESENT	IMPERFECT	PLUPERFECT
1. asga	as-iera/iese	hubiera asido
2. asgas	as-ieras/ieses	hubieras asido
3. asga	as-iera/iese	hubiera asido
1. asgamos	as-iéramos/iésemos	hubiéramos asido
2. asgáis	as-ierais/ieseis	hubierais asido
3. asgan	as-ieran/iesen	hubieran asido

PERFECT haya asido etc

INFINITIVE	*PARTICIPLE*
PRESENT	**PRESENT**
asir	asiendo
PAST	**PAST**
haber asido	asido

ATERRIZAR to land

PRESENT	IMPERFECT	FUTURE
1. aterrizo	aterrizaba	aterrizaré
2. aterrizas	aterrizabas	aterrizarás
3. aterriza	aterrizaba	aterrizará
1. aterrizamos	aterrizábamos	aterrizaremos
2. aterrizáis	aterrizabais	aterrizaréis
3. aterrizan	aterrizaban	aterrizarán

PRETERITE	PERFECT	PLUPERFECT
1. aterricé	he aterrizado	había aterrizado
2. aterrizaste	has aterrizado	habías aterrizado
3. aterrizó	ha aterrizado	había aterrizado
1. aterrizamos	hemos aterrizado	habíamos aterrizado
2. aterrizasteis	habéis aterrizado	habíais aterrizado
3. aterrizaron	han aterrizado	habían aterrizado

PAST ANTERIOR
hube aterrizado etc

FUTURE PERFECT
habré aterrizado etc

CONDITIONAL

PRESENT	PAST
1. aterrizaría	habría aterrizado
2. aterrizarías	habrías aterrizado
3. aterrizaría	habría aterrizado
1. aterrizaríamos	habríamos aterrizado
2. aterrizaríais	habríais aterrizado
3. aterrizarían	habrían aterrizado

IMPERATIVE

(tú) aterriza
(Vd) aterrice
(nosotros) aterricemos
(vosotros) aterrizad
(Vds) aterricen

SUBJUNCTIVE

PRESENT	IMPERFECT	PLUPERFECT
1. aterrice	aterriz-ara/ase	hubiera aterrizado
2. aterrices	aterriz-aras/ases	hubieras aterrizado
3. aterrice	aterriz-ara/ase	hubiera aterrizado
1. aterricemos	aterriz-áramos/ásemos	hubiéramos aterrizado
2. aterricéis	aterriz-arais/aseis	hubierais aterrizado
3. aterricen	aterriz-aran/asen	hubieran aterrizado

PERFECT haya aterrizado etc

INFINITIVE	*PARTICIPLE*
PRESENT	**PRESENT**
aterrizar	aterrizando
PAST	**PAST**
haber aterrizado	aterrizado

PRESENT	IMPERFECT	FUTURE
1. atravieso	atravesaba	atravesaré
2. atraviesas	atravesabas	atravesarás
3. atraviesa	atravesaba	atravesará
1. atravesamos	atravesábamos	atravesaremos
2. atravesáis	atravesabais	atravesaréis
3. atraviesan	atravesaban	atravesarán

PRETERITE	PERFECT	PLUPERFECT
1. atravesé	he atravesado	había atravesado
2. atravesaste	has atravesado	habías atravesado
3. atravesó	ha atravesado	había atravesado
1. atravesamos	hemos atravesado	habíamos atravesado
2. atravesasteis	habéis atravesado	habíais atravesado
3. atravesaron	han atravesado	habían atravesado

PAST ANTERIOR
hube atravesado etc

FUTURE PERFECT
habré atravesado etc

CONDITIONAL

PRESENT	PAST
1. atravesaría	habría atravesado
2. atravesarías	habrías atravesado
3. atravesaría	habría atravesado
1. atravesaríamos	habríamos atravesado
2. atravesaríais	habríais atravesado
3. atravesarían	habrían atravesado

IMPERATIVE

(tú) atraviesa
(Vd) atraviese
(nosotros) atravesemos
(vosotros) atravesad
(Vds) atraviesen

SUBJUNCTIVE

PRESENT	IMPERFECT	PLUPERFECT
1. atraviese	atraves-ara/ase	hubiera atravesado
2. atravieses	atraves-aras/ases	hubieras atravesado
3. atraviese	atraves-ara/ase	hubiera atravesado
1. atravesemos	atraves-áramos/ásemos	hubiéramos atravesado
2. atraveséis	atraves-arais/aseis	hubierais atravesado
3. atraviesen	atraves-aran/asen	hubieran atravesado

PERFECT haya atravesado etc

INFINITIVE

PRESENT
atravesar

PAST
haber atravesado

PARTICIPLE

PRESENT
atravesando

PAST
atravesado

AVERGONZARSE to be ashamed **29**

	PRESENT	IMPERFECT	FUTURE
1.	me avergüenzo	me avergonzaba	me avergonzaré
2.	te avergüenzas	te avergonzabas	te avergonzarás
3.	se avergüenza	se avergonzaba	se avergonzará
1.	nos avergonzamos	nos avergonzábamos	nos avergonzaremos
2.	os avergonzáis	os avergonzabais	os avergonzaréis
3.	se avergüenzan	se avergonzaban	se avergonzarán

	PRETERITE	PERFECT	PLUPERFECT
1.	me avergoncé	me he avergonzado	me había avergonzado
2.	te avergonzaste	te has avergonzado	te habías avergonzado
3.	se avergonzó	se ha avergonzado	se había avergonzado
1.	nos avergonzamos	nos hemos avergonzado	nos habíamos avergonzado
2.	os avergonzasteis	os habéis avergonzado	os habíais avergonzado
3.	se avergonzaron	se han avergonzado	se habían avergonzado

PAST ANTERIOR
me hube avergonzado etc

FUTURE PERFECT
me habré avergonzado etc

CONDITIONAL

	PRESENT	PAST	*IMPERATIVE*
1.	me avergonzaría	me habría avergonzado	
2.	te avergonzarías	te habrías avergonzado	(tú) avergüénzate
3.	se avergonzaría	se habría avergonzado	(Vd) avergüéncese
1.	nos avergonzaríamos	nos habríamos avergonzado	(nosotros) avergoncémonos
2.	os avergonzaríais	os habríais avergonzado	(vosotros) avergonzaos
3.	se avergonzarían	se habrían avergonzado	(Vds) avergüéncense

SUBJUNCTIVE

	PRESENT	IMPERFECT	PLUPERFECT
1.	me avergüence	me avergonz-ara/ase	me hubiera avergonzado
2.	te avergüences	te avergonz-aras/ases	te hubieras avergonzado
3.	se avergüence	se avergonz-ara/ase	se hubiera avergonzado
1.	nos avergoncemos	nos avergonz-áramos/ásemos	nos hubiéramos avergonzado
2.	os avergoncéis	os avergonz-arais/aseis	os hubierais avergonzado
3.	se avergüencen	se avergonz-aran/asen	se hubieran avergonzado

PERFECT me haya avergonzado etc

INFINITIVE	*PARTICIPLE*
PRESENT	**PRESENT**
avergonzarse	avergonzándose
PAST	**PAST**
haberse avergonzado	avergonzado

PRESENT	IMPERFECT	FUTURE
1. averiguo	averiguaba	averiguaré
2. averiguas	averiguabas	averiguarás
3. averigua	averiguaba	averiguará
1. averiguamos	averiguábamos	averiguaremos
2. averiguáis	averiguabais	averiguaréis
3. averiguan	averiguaban	averiguarán

PRETERITE	PERFECT	PLUPERFECT
1. averigüé	he averiguado	había averiguado
2. averiguaste	has averiguado	habías averiguado
3. averiguó	ha averiguado	había averiguado
1. averiguamos	hemos averiguado	habíamos averiguado
2. averiguasteis	habéis averiguado	habíais averiguado
3. averiguaron	han averiguado	habían averiguado

PAST ANTERIOR
hube averiguado etc

FUTURE PERFECT
habré averiguado etc

CONDITIONAL / *IMPERATIVE*

PRESENT	PAST	
1. averiguaría	habría averiguado	
2. averiguarías	habrías averiguado	(tú) averigua
3. averiguaría	habría averiguado	(Vd) averigüe
1. averiguaríamos	habríamos averiguado	(nosotros) averigüemos
2. averiguaríais	habríais averiguado	(vosotros) averiguad
3. averiguarían	habrían averiguado	(Vds) averigüen

SUBJUNCTIVE

PRESENT	IMPERFECT	PLUPERFECT
1. averigüe	averigu-ara/ase	hubiera averiguado
2. averigües	averigu-aras/ases	hubieras averiguado
3. averigüe	averigu-ara/ase	hubiera averiguado
1. averigüemos	averigu-áramos/ásemos	hubiéramos averiguado
2. averigüéis	averigu-arais/aseis	hubierais averiguado
3. averigüen	averigu-aran/asen	hubieran averiguado

PERFECT haya averiguado etc

INFINITIVE	*PARTICIPLE*
PRESENT	**PRESENT**
averiguar	averiguando
PAST	**PAST**
haber averiguado	averiguado

PRESENT	IMPERFECT	FUTURE
1. bajo	bajaba	bajaré
2. bajas	bajabas	bajarás
3. baja	bajaba	bajará
1. bajamos	bajábamos	bajaremos
2. bajáis	bajabais	bajaréis
3. bajan	bajaban	bajarán

PRETERITE	PERFECT	PLUPERFECT
1. bajé	he bajado	había bajado
2. bajaste	has bajado	habías bajado
3. bajó	ha bajado	había bajado
1. bajamos	hemos bajado	habíamos bajado
2. bajasteis	habéis bajado	habíais bajado
3. bajaron	han bajado	habían bajado

PAST ANTERIOR
hube bajado etc

FUTURE PERFECT
habré bajado etc

CONDITIONAL

PRESENT	PAST	*IMPERATIVE*
1. bajaría	habría bajado	
2. bajarías	habrías bajado	(tú) baja
3. bajaría	habría bajado	(Vd) baje
1. bajaríamos	habríamos bajado	(nosotros) bajemos
2. bajaríais	habríais bajado	(vosotros) bajad
3. bajarían	habrían bajado	(Vds) bajen

SUBJUNCTIVE

PRESENT	IMPERFECT	PLUPERFECT
1. baje	baj-ara/ase	hubiera bajado
2. bajes	baj-aras/ases	hubieras bajado
3. baje	baj-ara/ase	hubiera bajado
1. bajemos	baj-áramos/ásemos	hubiéramos bajado
2. bajéis	baj-arais/aseis	hubierais bajado
3. bajen	baj-aran/asen	hubieran bajado

PERFECT haya bajado etc

INFINITIVE	*PARTICIPLE*
PRESENT	**PRESENT**
bajar	bajando
PAST	**PAST**
haber bajado	bajado

BAÑARSE to have a bath

PRESENT	IMPERFECT	FUTURE
1. me baño	me bañaba	me bañaré
2. te bañas	te bañabas	te bañarás
3. se baña	se bañaba	se bañará
1. nos bañamos	nos bañábamos	nos bañaremos
2. os bañáis	os bañabais	os bañaréis
3. se bañan	se bañaban	se bañarán

PRETERITE	PERFECT	PLUPERFECT
1. me bañé	me he bañado	me había bañado
2. te bañaste	te has bañado	te habías bañado
3. se bañó	se ha bañado	se había bañado
1. nos bañamos	nos hemos bañado	nos habíamos bañado
2. os bañasteis	os habéis bañado	os habíais bañado
3. se bañaron	se han bañado	se habían bañado

PAST ANTERIOR
me hube bañado etc

FUTURE PERFECT
me habré bañado etc

CONDITIONAL

PRESENT	PAST	*IMPERATIVE*
1. me bañaría	me habría bañado	
2. te bañarías	te habrías bañado	(tú) báñate
3. se bañaría	se habría bañado	(Vd) báñase
1. nos bañaríamos	nos habríamos bañado	(nosotros) bañémonos
2. os bañaríais	os habríais bañado	(vosotros) bañaos
3. se bañarían	se habrían bañado	(Vds) báñense

SUBJUNCTIVE

PRESENT	IMPERFECT	PLUPERFECT
1. me bañe	me bañ-ara/ase	me hubiera bañado
2. te bañes	te bañ-aras/ases	te hubieras bañado
3. se bañe	se bañ-ara/ase	se hubiera bañado
1. nos bañemos	nos bañ-áramos/ásemos	nos hubiéramos bañado
2. os bañéis	os bañ-arais/aseis	os hubierais bañado
3. se bañen	se bañ-aran/asen	se hubieran bañado

PERFECT me haya bañado etc

INFINITIVE	*PARTICIPLE*
PRESENT	**PRESENT**
bañarse	bañándose
PAST	**PAST**
haberse bañado	bañado

PRESENT	IMPERFECT	FUTURE
1. bebo	bebía	beberé
2. bebes	bebías	beberás
3. bebe	bebía	beberá
1. bebemos	bebíamos	beberemos
2. bebéis	bebíais	beberéis
3. beben	bebían	beberán

PRETERITE	PERFECT	PLUPERFECT
1. bebí	he bebido	había bebido
2. bebiste	has bebido	habías bebido
3. bebió	ha bebido	había bebido
1. bebimos	hemos bebido	habíamos bebido
2. bebisteis	habéis bebido	habíais bebido
3. bebieron	han bebido	habían bebido

PAST ANTERIOR
hube bebido etc

FUTURE PERFECT
habré bebido etc

CONDITIONAL

PRESENT	PAST	*IMPERATIVE*
1. bebería	habría bebido	
2. beberías	habrías bebido	(tú) bebe
3. bebería	habría bebido	(Vd) beba
1. beberíamos	habríamos bebido	(nosotros) bebamos
2. beberíais	habríais bebido	(vosotros) bebed
3. beberían	habrían bebido	(Vds) beban

SUBJUNCTIVE

PRESENT	IMPERFECT	PLUPERFECT
1. beba	beb-iera/iese	hubiera bebido
2. bebas	beb-ieras/ieses	hubieras bebido
3. beba	beb-iera/iese	hubiera bebido
1. bebamos	beb-iéramos/iésemos	hubiéramos bebido
2. bebáis	beb-ierais/ieseis	hubierais bebido
3. beban	beb-ieran/iesen	hubieran bebido

PERFECT haya bebido etc

INFINITIVE	*PARTICIPLE*
PRESENT	**PRESENT**
beber	bebiendo
PAST	**PAST**
haber bebido	bebido

PRESENT	IMPERFECT	FUTURE
1. bendigo	bendecía	bendeciré
2. bendices	bendecías	bendecirás
3. bendice	bendecía	bendecirá
1. bendecimos	bendecíamos	bendeciremos
2. bendecís	bendecíais	bendeciréis
3. bendicen	bendecían	bendecirán

PRETERITE	PERFECT	PLUPERFECT
1. bendije	he bendecido	había bendecido
2. bendijiste	has bendecido	habías bendecido
3. bendijo	ha bendecido	había bendecido
1. bendijimos	hemos bendecido	habíamos bendecido
2. bendijisteis	habéis bendecido	habíais bendecido
3. bendijeron	han bendecido	habían bendecido

PAST ANTERIOR
hube bendecido etc

FUTURE PERFECT
habré bendecido etc

CONDITIONAL / *IMPERATIVE*

PRESENT	PAST	
1. bendeciría	habría bendecido	
2. bendecirías	habrías bendecido	(tú) bendice
3. bendeciría	habría bendecido	(Vd) bendiga
1. bendeciríamos	habríamos bendecido	(nosotros) bendigamos
2. bendeciríais	habríais bendecido	(vosotros) bendecid
3. bendecirían	habrían bendecido	(Vds) bendigan

SUBJUNCTIVE

PRESENT	IMPERFECT	PLUPERFECT
1. bendiga	bendij-era/ese	hubiera bendecido
2. bendigas	bendij-eras/eses	hubieras bendecido
3. bendiga	bendij-era/ese	hubiera bendecido
1. bendigamos	bendij-éramos/ésemos	hubiéramos bendecido
2. bendigáis	bendij-erais/eseis	hubierais bendecido
3. bendigan	bendij-eran/esen	hubieran bendecido

PERFECT haya bendecido etc

INFINITIVE	*PARTICIPLE*
PRESENT	**PRESENT**
bendecir	bendiciendo
PAST	**PAST**
haber bendecido	bendecido

PRESENT	IMPERFECT	FUTURE
1. busco	buscaba	buscaré
2. buscas	buscabas	buscarás
3. busca	buscaba	buscará
1. buscamos	buscábamos	buscaremos
2. buscáis	buscabais	buscaréis
3. buscan	buscaban	buscarán
PRETERITE	**PERFECT**	**PLUPERFECT**
1. busqué	he buscado	había buscado
2. buscaste	has buscado	habías buscado
3. buscó	ha buscado	había buscado
1. buscamos	hemos buscado	habíamos buscado
2. buscasteis	habéis buscado	habíais buscado
3. buscaron	han buscado	habían buscado
PAST ANTERIOR		**FUTURE PERFECT**
hube buscado etc		habré buscado etc

CONDITIONAL / *IMPERATIVE*

PRESENT	PAST	
1. buscaría	habría buscado	
2. buscarías	habrías buscado	(tú) busca
3. buscaría	habría buscado	(Vd) busque
1. buscaríamos	habríamos buscado	(nosotros) busquemos
2. buscaríais	habríais buscado	(vosotros) buscad
3. buscarían	habrían buscado	(Vds) busquen

SUBJUNCTIVE

PRESENT	IMPERFECT	PLUPERFECT
1. busque	busc-ara/ase	hubiera buscado
2. busques	busc-aras/ases	hubieras buscado
3. busque	busc-ara/ase	hubiera buscado
1. busquemos	busc-áramos/ásemos	hubiéramos buscado
2. busquéis	busc-arais/aseis	hubierais buscado
3. busquen	busc-aran/asen	hubieran buscado

PERFECT haya buscado etc

INFINITIVE	*PARTICIPLE*
PRESENT	**PRESENT**
buscar	buscando
PAST	**PAST**
haber buscado	buscado

PRESENT	IMPERFECT	FUTURE
1. quepo	cabía	cabré
2. cabes	cabías	cabrás
3. cabe	cabía	cabrá
1. cabemos	cabíamos	cabremos
2. cabéis	cabíais	cabréis
3. caben	cabían	cabrán

PRETERITE	PERFECT	PLUPERFECT
1. cupe	he cabido	había cabido
2. cupiste	has cabido	habías cabido
3. cupe	ha cabido	había cabido
1. cupimos	hemos cabido	habíamos cabido
2. cupisteis	habéis cabido	habíais cabido
3. cupieron	han cabido	habían cabido

PAST ANTERIOR
hube cabido etc

FUTURE PERFECT
habré cabido etc

CONDITIONAL

PRESENT	PAST	*IMPERATIVE*
1. cabría	habría cabido	
2. cabrías	habrías cabido	(tú) cabe
3. cabría	habría cabido	(Vd) quepa
1. cabríamos	habríamos cabido	(nosotros) quepamos
2. cabríais	habríais cabido	(vosotros) cabed
3. cabrían	habrían cabido	(Vds) quepan

SUBJUNCTIVE

PRESENT	IMPERFECT	PLUPERFECT
1. quepa	cup-iera/iese	hubiera cabido
2. quepas	cup-ieras/ieses	hubieras cabido
3. quepa	cup-iera/iese	hubiera cabido
1. quepamos	cup-iéramos/iésemos	hubiéramos cabido
2. quepáis	cup-ierais/ieseis	hubierais cabido
3. quepan	cup-ieran/iesen	hubieran cabido

PERFECT haya cabido etc

INFINITIVE	*PARTICIPLE*
PRESENT	**PRESENT**
caber	cabiendo
PAST	**PAST**
haber cabido	cabido

PRESENT	IMPERFECT	FUTURE
1. caigo	caía	caeré
2. caes	caías	caerás
3. cae	caía	caerá
1. caemos	caíamos	caeremos
2. caéis	caíais	caeréis
3. caen	caían	caerán

PRETERITE	PERFECT	PLUPERFECT
1. caí	he caído	había caído
2. caíste	has caído	habías caído
3. cayó	ha caído	había caído
1. caímos	hemos caído	habíamos caído
2. caísteis	habéis caído	habíais caído
3. cayeron	han caído	habían caído

PAST ANTERIOR
hube caído etc

FUTURE PERFECT
habré caído etc

CONDITIONAL		*IMPERATIVE*
PRESENT	PAST	
1. caería	habría caído	
2. caerías	habrías caído	(tú) cae
3. caería	habría caído	(Vd) caiga
1. caeríamos	habríamos caído	(nosotros) caigamos
2. caeríais	habríais caído	(vosotros) caed
3. caerían	habrían caído	(Vds) caigan

SUBJUNCTIVE

PRESENT	IMPERFECT	PLUPERFECT
1. caiga	ca-yera/yese	hubiera caído
2. caigas	ca-yeras/yeses	hubieras caído
3. caiga	ca-yera/yese	hubiera caído
1. caigamos	ca-yéramos/yésemos	hubiéramos caído
2. caigáis	ca-yerais/yeseis	hubierais caído
3. caigan	ca-yeran/yesen	hubieran caído

PERFECT haya caído etc

INFINITIVE	*PARTICIPLE*
PRESENT	PRESENT
caer	cayendo
PAST	PAST
haber caído	caído

CARGAR to load

PRESENT	IMPERFECT	FUTURE
1. cargo	cargaba	cargaré
2. cargas	cargabas	cargarás
3. carga	cargaba	cargará
1. cargamos	cargábamos	cargaremos
2. cargáis	cargabais	cargaréis
3. cargan	cargaban	cargarán

PRETERITE	PERFECT	PLUPERFECT
1. cargué	he cargado	había cargado
2. cargaste	has cargado	habías cargado
3. cargó	ha cargado	había cargado
1. cargamos	hemos cargado	habíamos cargado
2. cargasteis	habéis cargado	habíais cargado
3. cargaron	han cargado	habían cargado

PAST ANTERIOR
hube cargado etc

FUTURE PERFECT
habré cargado etc

CONDITIONAL

PRESENT	PAST
1. cargaría	habría cargado
2. cargarías	habrías cargado
3. cargaría	habría cargado
1. cargaríamos	habríamos cargado
2. cargaríais	habríais cargado
3. cargarían	habrían cargado

IMPERATIVE

(tú) carga
(Vd) cargue
(nosotros) carguemos
(vosotros) cargad
(Vds) carguen

SUBJUNCTIVE

PRESENT	IMPERFECT	PLUPERFECT
1. cargue	carg-ara/ase	hubiera cargado
2. cargues	carg-aras/ases	hubieras cargado
3. cargue	carg-ara/ase	hubiera cargado
1. carguemos	carg-áramos/ásemos	hubiéramos cargado
2. carguéis	carg-arais/aseis	hubierais cargado
3. carguen	carg-aran/asen	hubieran cargado

PERFECT haya cargado etc

INFINITIVE	*PARTICIPLE*
PRESENT	**PRESENT**
cargar	cargando
PAST	**PAST**
haber cargado	cargado

CAZAR to hunt

PRESENT	IMPERFECT	FUTURE
1. cazo	cazaba	cazaré
2. cazas	cazabas	cazarás
3. caza	cazaba	cazará
1. cazamos	cazábamos	cazaremos
2. cazáis	cazabais	cazaréis
3. cazan	cazaban	cazarán

PRETERITE	PERFECT	PLUPERFECT
1. cacé	he cazado	había cazado
2. cazaste	has cazado	habías cazado
3. cazó	ha cazado	había cazado
1. cazamos	hemos cazado	habíamos cazado
2. cazasteis	habéis cazado	habíais cazado
3. cazaron	han cazado	habían cazado

PAST ANTERIOR	FUTURE PERFECT
hube cazado etc	habré cazado etc

CONDITIONAL / *IMPERATIVE*

PRESENT	PAST	
1. cazaría	habría cazado	
2. cazarías	habrías cazado	(tú) caza
3. cazaría	habría cazado	(Vd) cace
1. cazaríamos	habríamos cazado	(nosotros) cacemos
2. cazaríais	habríais cazado	(vosotros) cazad
3. cazarían	habrían cazado	(Vds) cacen

SUBJUNCTIVE

PRESENT	IMPERFECT	PLUPERFECT
1. cace	caz-ara/ase	hubiera cazado
2. caces	caz-aras/ases	hubieras cazado
3. cace	caz-ara/ase	hubiera cazado
1. cacemos	caz-áramos/ásemos	hubiéramos cazado
2. cacéis	caz-arais/aseis	hubierais cazado
3. cacen	caz-aran/asen	hubieran cazado

PERFECT haya cazado etc

INFINITIVE	*PARTICIPLE*
PRESENT	**PRESENT**
cazar	cazando
PAST	**PAST**
haber cazado	cazado

CERRAR to close

PRESENT	IMPERFECT	FUTURE
1. cierro	cerraba	cerraré
2. cierras	cerrabas	cerrarás
3. cierra	cerraba	cerrará
1. cerramos	cerrábamos	cerraremos
2. cerráis	cerrabais	cerraréis
3. cierran	cerraban	cerrarán

PRETERITE	PERFECT	PLUPERFECT
1. cerré	he cerrado	había cerrado
2. cerraste	has cerrado	habías cerrado
3. cerró	ha cerrado	había cerrado
1. cerramos	hemos cerrado	habíamos cerrado
2. cerrasteis	habéis cerrado	habíais cerrado
3. cerraron	han cerrado	habían cerrado

PAST ANTERIOR
hube cerrado etc

FUTURE PERFECT
habré cerrado etc

CONDITIONAL / *IMPERATIVE*

PRESENT	PAST	
1. cerraría	habría cerrado	
2. cerrarías	habrías cerrado	(tú) cierra
3. cerraría	habría cerrado	(Vd) cierre
1. cerraríamos	habríamos cerrado	(nosotros) cerremos
2. cerraríais	habríais cerrado	(vosotros) cerrad
3. cerrarían	habrían cerrado	(Vds) cierren

SUBJUNCTIVE

PRESENT	IMPERFECT	PLUPERFECT
1. cierre	cerr-ara/ase	hubiera cerrado
2. cierres	cerr-aras/ases	hubieras cerrado
3. cierre	cerr-ara/ase	hubiera cerrado
1. cerremos	cerr-áramos/ásemos	hubiéramos cerrado
2. cerréis	cerr-arais/aseis	hubierais cerrado
3. cierren	cerr-aran/asen	hubieran cerrado

PERFECT haya cerrado etc

INFINITIVE	*PARTICIPLE*
PRESENT	**PRESENT**
cerrar	cerrando
PAST	**PAST**
haber cerrado	cerrado

COCER to boil

41

PRESENT	IMPERFECT	FUTURE
1. cuezo	cocía	coceré
2. cueces	cocías	cocerás
3. cuece	cocía	cocerá
1. cocemos	cocíamos	coceremos
2. cocéis	cocíais	coceréis
3. cuecen	cocían	cocerán

PRETERITE	PERFECT	PLUPERFECT
1. cocí	he cocido	había cocido
2. cociste	has cocido	habías cocido
3. coció	ha cocido	había cocido
1. cocimos	hemos cocido	habíamos cocido
2. cocisteis	habéis cocido	habíais cocido
3. cocieron	han cocido	habían cocido

PAST ANTERIOR
hube cocido etc

FUTURE PERFECT
habré cocido etc

CONDITIONAL / *IMPERATIVE*

PRESENT	PAST	IMPERATIVE
1. cocería	habría cocido	
2. cocerías	habrías cocido	(tú) cuece
3. cocería	habría cocido	(Vd) cueza
1. coceríamos	habríamos cocido	(nosotros) cozamos
2. coceríais	habríais cocido	(vosotros) coced
3. cocerían	habrían cocido	(Vds) cuezan

SUBJUNCTIVE

PRESENT	IMPERFECT	PLUPERFECT
1. cueza	coc-iera/iese	hubiera cocido
2. cuezas	coc-ieras/ieses	hubieras cocido
3. cueza	coc-iera/iese	hubiera cocido
1. cozamos	coc-iéramos/iésemos	hubiéramos cocido
2. cozáis	coc-ierais/ieseis	hubierais cocido
3. cuezan	coc-ieran/iesen	hubieran cocido

PERFECT haya cocido etc

INFINITIVE	*PARTICIPLE*
PRESENT	**PRESENT**
cocer	cociendo
PAST	**PAST**
haber cocido	cocido

PRESENT	IMPERFECT	FUTURE
1. cojo	cogía	cogeré
2. coges	cogías	cogerás
3. coge	cogía	cogerá
1. cogemos	cogíamos	cogeremos
2. cogéis	cogíais	cogeréis
3. cogen	cogían	cogerán

PRETERITE	PERFECT	PLUPERFECT
1. cogí	he cogido	había cogido
2. cogiste	has cogido	habías cogido
3. cogió	ha cogido	había cogido
1. cogimos	hemos cogido	habíamos cogido
2. cogisteis	habéis cogido	habíais cogido
3. cogieron	han cogido	habían cogido

PAST ANTERIOR
hube cogido etc

FUTURE PERFECT
habré cogido etc

CONDITIONAL

PRESENT	PAST
1. cogería	habría cogido
2. cogerías	habrías cogido
3. cogería	habría cogido
1. cogeríamos	habríamos cogido
2. cogeríais	habríais cogido
3. cogerían	habrían cogido

IMPERATIVE

(tú) coge
(Vd) coja
(nosotros) cojamos
(vosotros) coged
(Vds) cojan

SUBJUNCTIVE

PRESENT	IMPERFECT	PLUPERFECT
1. coja	cog-iera/iese	hubiera cogido
2. cojas	cog-ieras/ieses	hubieras cogido
3. coja	cog-iera/iese	hubiera cogido
1. cojamos	cog-iéramos/iésemos	hubiéramos cogido
2. cojáis	cog-ierais/ieseis	hubierais cogido
3. cojan	cog-ieran/iesen	hubieran cogido

PERFECT haya cogido etc

INFINITIVE	*PARTICIPLE*
PRESENT	**PRESENT**
coger	cogiendo
PAST	**PAST**
haber cogido	cogido

COLGAR to hang

PRESENT	IMPERFECT	FUTURE
1. cuelgo	colgaba	colgaré
2. cuelgas	colgabas	colgarás
3. cuelga	colgaba	colgará
1. colgamos	colgábamos	colgaremos
2. colgáis	colgabais	colgaréis
3. cuelgan	colgaban	colgarán

PRETERITE	PERFECT	PLUPERFECT
1. colgué	he colgado	había colgado
2. colgaste	has colgado	habías colgado
3. colgó	ha colgado	había colgado
1. colgamos	hemos colgado	habíamos colgado
2. colgasteis	habéis colgado	habíais colgado
3. colgaron	han colgado	habían colgado

PAST ANTERIOR		FUTURE PERFECT
hube colgado etc		habré colgado etc

CONDITIONAL / *IMPERATIVE*

PRESENT	PAST	
1. colgaría	habría colgado	
2. colgarías	habrías colgado	(tú) cuelga
3. colgaría	habría colgado	(Vd) cuelgue
1. colgaríamos	habríamos colgado	(nosotros) colguemos
2. colgaríais	habríais colgado	(vosotros) colgad
3. colgarían	habrían colgado	(Vds) cuelguen

SUBJUNCTIVE

PRESENT	IMPERFECT	PLUPERFECT
1. cuelgue	colg-ara/ase	hubiera colgado
2. cuelgues	colg-aras/ases	hubieras colgado
3. cuelgue	colg-ara/ase	hubiera colgado
1. colguemos	colg-áramos/ásemos	hubiéramos colgado
2. colguéis	colg-arais/aseis	hubierais colgado
3. cuelguen	colg-aran/asen	hubieran colgado

PERFECT haya colgado etc

INFINITIVE	*PARTICIPLE*
PRESENT	**PRESENT**
colgar	colgando
PAST	**PAST**
haber colgado	colgado

PRESENT	IMPERFECT	FUTURE
1. comienzo	comenzaba	comenzaré
2. comienzas	comenzabas	comenzarás
3. comienza	comenzaba	comenzará
1. comenzamos	comenzábamos	comenzaremos
2. comenzáis	comenzabais	comenzaréis
3. comienzan	comenzaban	comenzarán

PRETERITE	PERFECT	PLUPERFECT
1. comencé	he comenzado	había comenzado
2. comenzaste	has comenzado	habías comenzado
3. comenzó	ha comenzado	había comenzado
1. comenzamos	hemos comenzado	habíamos comenzado
2. comenzasteis	habéis comenzado	habíais comenzado
3. comenzaron	han comenzado	habían comenzado

PAST ANTERIOR
hube comenzado etc

FUTURE PERFECT
habré comenzado etc

CONDITIONAL		*IMPERATIVE*
PRESENT	**PAST**	
1. comenzaría	habría comenzado	
2. comenzarías	habrías comenzado	(tú) comienza
3. comenzaría	habría comenzado	(Vd) comience
1. comenzaríamos	habríamos comenzado	(nosotros) comencemos
2. comenzaríais	habríais comenzado	(vosotros) comenzad
3. comenzarían	habrían comenzado	(Vds) comiencen

SUBJUNCTIVE

PRESENT	IMPERFECT	PLUPERFECT
1. comience	comenz-ara/ase	hubiera comenzado
2. comiences	comenz-aras/ases	hubieras comenzado
3. comience	comenz-ara/ase	hubiera comenzado
1. comencemos	comenz-áramos/ásemos	hubiéramos comenzado
2. comencéis	comenz-arais/aseis	hubierais comenzado
3. comiencen	comenz-aran/asen	hubieran comenzado

PERFECT haya comenzado etc

INFINITIVE	*PARTICIPLE*
PRESENT	**PRESENT**
comenzar	comenzando
PAST	**PAST**
haber comenzado	comenzado

PRESENT	IMPERFECT	FUTURE
1. como	comía	comeré
2. comes	comías	comerás
3. come	comía	comerá
1. comemos	comíamos	comeremos
2. coméis	comíais	comeréis
3. comen	comían	comerán

PRETERITE	PERFECT	PLUPERFECT
1. comí	he comido	había comido
2. comiste	has comido	habías comido
3. comió	ha comido	había comido
1. comimos	hemos comido	habíamos comido
2. comisteis	habéis comido	habíais comido
3. comieron	han comido	habían comido

PAST ANTERIOR		FUTURE PERFECT
hube comido etc		habré comido etc

CONDITIONAL | *IMPERATIVE*

PRESENT	PAST	
1. comería	habría comido	
2. comerías	habrías comido	(tú) come
3. comería	habría comido	(Vd) coma
1. comeríamos	habríamos comido	(nosotros) comamos
2. comeríais	habríais comido	(vosotros) comed
3. comerían	habrían comido	(Vds) coman

SUBJUNCTIVE

PRESENT	IMPERFECT	PLUPERFECT
1. coma	com-iera/iese	hubiera comido
2. comas	com-ieras/ieses	hubieras comido
3. coma	com-iera/iese	hubiera comido
1. comamos	com-iéramos/iésemos	hubiéramos comido
2. comáis	com-ierais/ieseis	hubierais comido
3. coman	com-ieran/iesen	hubieran comido

PERFECT haya comido etc

INFINITIVE	*PARTICIPLE*
PRESENT	**PRESENT**
comer	comiendo
PAST	**PAST**
haber comido	comido

COMPETER to be the responsibility of

PRESENT	IMPERFECT	FUTURE
3 compete	competía	competerá
3. competen	competían	competerán

PRETERITE	PERFECT	PLUPERFECT
3. competió	ha competido	había competido
3. competieron	han competido	habían competido

PAST ANTERIOR
hubo competido etc

FUTURE PERFECT
habrá competido etc

CONDITIONAL

PRESENT	PAST
3. competería	habría competido
3. competerían	habrían competido

IMPERATIVE

SUBJUNCTIVE

PRESENT	IMPERFECT	PLUPERFECT
3. competa	compet-iera/iese	hubiera competido
3. competan	compet-ieran/iesen	hubieran competido

PERFECT haya competido etc

INFINITIVE

PRESENT
competer

PAST
haber competido

PARTICIPLE

PRESENT
competiendo

PAST
competido

COMPRAR to buy

47

PRESENT	IMPERFECT	FUTURE
1. compro	compraba	compraré
2. compras	comprabas	comprarás
3. compra	compraba	comprará
1. compramos	comprábamos	compraremos
2. compráis	comprabais	compraréis
3. compran	compraban	comprarán

PRETERITE	PERFECT	PLUPERFECT
1. compré	he comprado	había comprado
2. compraste	has comprado	habías comprado
3. compró	ha comprado	había comprado
1. compramos	hemos comprado	habíamos comprado
2. comprasteis	habéis comprado	habíais comprado
3. compraron	han comprado	habían comprado

PAST ANTERIOR		FUTURE PERFECT
hube comprado etc		habré comprado etc

CONDITIONAL / *IMPERATIVE*

PRESENT	PAST	
1. compraría	habría comprado	
2. comprarías	habrías comprado	(tú) compra
3. compraría	habría comprado	(Vd) compre
1. compraríamos	habríamos comprado	(nosotros) compremos
2. compraríais	habríais comprado	(vosotros) comprad
3. comprarían	habrían comprado	(Vds) compren

SUBJUNCTIVE

PRESENT	IMPERFECT	PLUPERFECT
1. compre	compr-ara/ase	hubiera comprado
2. compres	compr-aras/ases	hubieras comprado
3. compre	compr-ara/ase	hubiera comprado
1. compremos	compr-áramos/ásemos	hubiéramos comprado
2. compréis	compr-arais/aseis	hubierais comprado
3. compren	compr-aran/asen	hubieran comprado

PERFECT haya comprado etc

INFINITIVE / *PARTICIPLE*

INFINITIVE	PARTICIPLE
PRESENT	**PRESENT**
comprar	comprando
PAST	**PAST**
haber comprado	comprado

CONCEBIR to conceive

PRESENT	IMPERFECT	FUTURE
1. concibo	concebía	concebiré
2. concibes	concebías	concebirás
3. concibe	concebía	concebirá
1. concebimos	concebíamos	concebiremos
2. concebís	concebíais	concebiréis
3. conciben	concebían	concebirán
PRETERITE	**PERFECT**	**PLUPERFECT**
1. concebí	he concebido	había concebido
2. concebiste	has concebido	habías concebido
3. concibió	ha concebido	había concebido
1. concebimos	hemos concebido	habíamos concebido
2. concebisteis	habéis concebido	habíais concebido
3. concibieron	han concebido	habían concebido
PAST ANTERIOR		**FUTURE PERFECT**
hube concebido etc		habré concebido etc

CONDITIONAL		*IMPERATIVE*
PRESENT	**PAST**	
1. concebiría	habría concebido	
2. concebirías	habrías concebido	(tú) concibe
3. concebiría	habría concebido	(Vd) conciba
1. concebiríamos	habríamos concebido	(nosotros) concibamos
2. concebiríais	habríais concebido	(vosotros) concebid
3. concebirían	habrían concebido	(Vds) conciban

SUBJUNCTIVE		
PRESENT	**IMPERFECT**	**PLUPERFECT**
1. conciba	concib-iera/iese	hubiera concebido
2. concibas	concib-ieras/ieses	hubieras concebido
3. conciba	concib-iera/iese	hubiera concebido
1. concibamos	concib-iéramos/iésemos	hubiéramos concebido
2. concibáis	concib-ierais/ieseis	hubierais concebido
3. conciban	concib-ieran/iesen	hubieran concebido
PERFECT	haya concebido etc	

INFINITIVE	*PARTICIPLE*
PRESENT	**PRESENT**
concebir	concibiendo
PAST	**PAST**
haber concebido	concebido

CONCERNIR to concern

PRESENT	IMPERFECT	FUTURE
3 concierne	concernía	concernirá
3. conciernen	concernían	concernirán

PRETERITE	PERFECT	PLUPERFECT
3. concernió	ha concernido	había concernido
3. concernieron	han concernido	habían concernido

PAST ANTERIOR
hubo concernido etc

FUTURE PERFECT
habrá concernido etc

CONDITIONAL

PRESENT	PAST
3. concerniría	habría concernido
3. concernirían	habrían concernido

IMPERATIVE

SUBJUNCTIVE

PRESENT	IMPERFECT	PLUPERFECT
3. concierna	concern-iera/iese	hubiera concernido
3. conciernan	concern-ieran/iesen	hubieran concernido

PERFECT haya concernido etc

INFINITIVE

PRESENT
concernir

PAST
haber concernido

PARTICIPLE

PRESENT
concerniendo

PAST
concernido

PRESENT	IMPERFECT	FUTURE
1. conduzco	conducía	conduciré
2. conduces	conducías	conducirás
3. conduce	conducía	conducirá
1. conducimos	conducíamos	conduciremos
2. conducís	conducíais	conduciréis
3. conducen	conducían	conducirán

PRETERITE	PERFECT	PLUPERFECT
1. conduje	he conducido	había conducido
2. condujiste	has conducido	habías conducido
3. condujo	ha conducido	había conducido
1. condujimos	hemos conducido	habíamos conducido
2. condujisteis	habéis conducido	habíais conducido
3. condujeron	han conducido	habían conducido

PAST ANTERIOR
hube conducido etc

FUTURE PERFECT
habré conducido etc

CONDITIONAL

PRESENT	PAST	*IMPERATIVE*
1. conduciría	habría conducido	
2. conducirías	habrías conducido	(tú) conduce
3. conduciría	habría conducido	(Vd) conduzca
1. conduciríamos	habríamos conducido	(nosotros) conduzcamos
2. conduciríais	habríais conducido	(vosotros) conducid
3. conducirían	habrían conducido	(Vds) conduzcan

SUBJUNCTIVE

PRESENT	IMPERFECT	PLUPERFECT
1. conduzca	conduj-era/ese	hubiera conducido
2. conduzcas	conduj-eras/eses	hubieras conducido
3. conduzca	conduj-era/ese	hubiera conducido
1. conduzcamos	conduj-éramos/ésemos	hubiéramos conducido
2. conduzcáis	conduj-erais/eseis	hubierais conducido
3. conduzcan	conduj-eran/esen	hubieran conducido

PERFECT haya conducido etc

INFINITIVE	*PARTICIPLE*
PRESENT	**PRESENT**
conducir	conduciendo
PAST	**PAST**
haber conducido	conducido

CONOCER to know

PRESENT	IMPERFECT	FUTURE
1. conozco	conocía	conoceré
2. conoces	conocías	conocerás
3. conoce	conocía	conocerá
1. conocemos	conocíamos	conoceremos
2. conocéis	conocíais	conoceréis
3. conocen	conocían	conocerán

PRETERITE	PERFECT	PLUPERFECT
1. conocí	he conocido	había conocido
2. conociste	has conocido	habías conocido
3. conoció	ha conocido	había conocido
1. conocimos	hemos conocido	habíamos conocido
2. conocisteis	habéis conocido	habíais conocido
3. conocieron	han conocido	habían conocido

PAST ANTERIOR
hube conocido etc

FUTURE PERFECT
habré conocido etc

CONDITIONAL

PRESENT	PAST	*IMPERATIVE*
1. conocería	habría conocido	
2. conocerías	habrías conocido	(tú) conoce
3. conocería	habría conocido	(Vd) conozca
1. conoceríamos	habríamos conocido	(nosotros) conozcamos
2. conoceríais	habríais conocido	(vosotros) conoced
3. conocerían	habrían conocido	(Vds) conozcan

SUBJUNCTIVE

PRESENT	IMPERFECT	PLUPERFECT
1. conozca	conoc-iera/iese	hubiera conocido
2. conozcas	conoc-ieras/ieses	hubieras conocido
3. conozca	conoc-iera/iese	hubiera conocido
1. conozcamos	conoc-iéramos/iésemos	hubiéramos conocido
2. conozcáis	conoc-ierais/ieseis	hubierais conocido
3. conozcan	conoc-ieran/iesen	hubieran conocido

PERFECT haya conocido etc

INFINITIVE	*PARTICIPLE*
PRESENT	**PRESENT**
conocer	conociendo
PAST	**PAST**
haber conocido	conocido

PRESENT	IMPERFECT	FUTURE
1. consuelo	consolaba	consolaré
2. consuelas	consolabas	consolarás
3. consuela	consolaba	consolará
1. consolamos	consolábamos	consolaremos
2. consoláis	consolabais	consolaréis
3. consuelan	consolaban	consolarán

PRETERITE	PERFECT	PLUPERFECT
1. consolé	he consolado	había consolado
2. consolaste	has consolado	habías consolado
3. consoló	ha consolado	había consolado
1. consolamos	hemos consolado	habíamos consolado
2. consolasteis	habéis consolado	habíais consolado
3. consolaron	han consolado	habían consolado

PAST ANTERIOR
hube consolado etc

FUTURE PERFECT
habré consolado etc

CONDITIONAL

PRESENT	PAST	*IMPERATIVE*
1. consolaría	habría consolado	
2. consolarías	habrías consolado	(tú) consuela
3. consolaría	habría consolado	(Vd) consuele
1. consolaríamos	habríamos consolado	(nosotros) consolemos
2. consolaríais	habríais consolado	(vosotros) consolad
3. consolarían	habrían consolado	(Vds) consuelen

SUBJUNCTIVE

PRESENT	IMPERFECT	PLUPERFECT
1. consuele	consol-ara/ase	hubiera consolado
2. consueles	consol-aras/ases	hubieras consolado
3. consuele	consol-ara/ase	hubiera consolado
1. consolemos	consol-áramos/ásemos	hubiéramos consolado
2. consoléis	consol-arais/aseis	hubierais consolado
3. consuelen	consol-aran/asen	hubieran consolado

PERFECT haya consolado etc

INFINITIVE	*PARTICIPLE*
PRESENT	**PRESENT**
consolar	consolando
PAST	**PAST**
haber consolado	consolado

CONSTRUIR to build

PRESENT	IMPERFECT	FUTURE
1. construyo	construía	construiré
2. construyes	construías	construirás
3. construye	construía	construirá
1. construimos	construíamos	construiremos
2. construís	construíais	construiréis
3. construyen	construían	construirán

PRETERITE	PERFECT	PLUPERFECT
1. construí	he construido	había construido
2. construiste	has construido	habías construido
3. construyó	ha construido	había construido
1. construimos	hemos construido	habíamos construido
2. construisteis	habéis construido	habíais construido
3. construyeron	han construido	habían construido

PAST ANTERIOR
hube construido etc

FUTURE PERFECT
habré construido etc

CONDITIONAL

PRESENT	PAST	*IMPERATIVE*
1. construiría	habría construido	
2. construirías	habrías construido	(tú) construye
3. construiría	habría construido	(Vd) construya
1. construiríamos	habríamos construido	(nosotros) construyamos
2. construiríais	habríais construido	(vosotros) construid
3. construirían	habrían construido	(Vds) construyan

SUBJUNCTIVE

PRESENT	IMPERFECT	PLUPERFECT
1. construya	constru-yera/yese	hubiera construido
2. construyas	constru-yeras/yeses	hubieras construido
3. construya	constru-yera/yese	hubiera construido
1. construyamos	constru-yéramos/yésemos	hubiéramos construido
2. construyáis	constru-yerais/yeseis	hubierais construido
3. construyan	constru-yeran/yesen	hubieran construido

PERFECT haya construido etc

INFINITIVE	*PARTICIPLE*
PRESENT	**PRESENT**
construir	construyendo
PAST	**PAST**
haber construido	construido

PRESENT	IMPERFECT	FUTURE
1. cuento	contaba	contaré
2. cuentas	contabas	contarás
3. cuenta	contaba	contará
1. contamos	contábamos	contaremos
2. contáis	contabais	contaréis
3. cuentan	contaban	contarán

PRETERITE	PERFECT	PLUPERFECT
1. conté	he contado	había contado
2. contaste	has contado	habías contado
3. contó	ha contado	había contado
1. contamos	hemos contado	habíamos contado
2. contasteis	habéis contado	habíais contado
3. contaron	han contado	habían contado

PAST ANTERIOR
hube contado etc

FUTURE PERFECT
habré contado etc

CONDITIONAL

PRESENT	PAST	*IMPERATIVE*
1. contaría	habría contado	
2. contarías	habrías contado	(tú) cuenta
3. contaría	habría contado	(Vd) cuente
1. contaríamos	habríamos contado	(nosotros) contemos
2. contaríais	habríais contado	(vosotros) contad
3. contarían	habrían contado	(Vds) cuenten

SUBJUNCTIVE

PRESENT	IMPERFECT	PLUPERFECT
1. cuente	cont-ara/ase	hubiera contado
2. cuentes	cont-aras/ases	hubieras contado
3. cuente	cont-ara/ase	hubiera contado
1. contemos	cont-áramos/ásemos	hubiéramos contado
2. contéis	cont-arais/aseis	hubierais contado
3. cuenten	cont-aran/asen	hubieran contado

PERFECT haya contado etc

INFINITIVE	*PARTICIPLE*
PRESENT	**PRESENT**
contar	contando
PAST	**PAST**
haber contado	contado

PRESENT	IMPERFECT	FUTURE
1. contesto	contestaba	contestaré
2. contestas	contestabas	contestarás
3. contesta	contestaba	contestará
1. contestamos	contestábamos	contestaremos
2. contestáis	contestabais	contestaréis
3. contestan	contestaban	contestarán

PRETERITE	PERFECT	PLUPERFECT
1. contesté	he contestado	había contestado
2. contestaste	has contestado	habías contestado
3. contestó	ha contestado	había contestado
1. contestamos	hemos contestado	habíamos contestado
2. contestasteis	habéis contestado	habíais contestado
3. contestaron	han contestado	habían contestado

PAST ANTERIOR
hube contestado etc

FUTURE PERFECT
habré contestado etc

CONDITIONAL

PRESENT	PAST	*IMPERATIVE*
1. contestaría	habría contestado	
2. contestarías	habrías contestado	(tú) contesta
3. contestaría	habría contestado	(Vd) conteste
1. contestaríamos	habríamos contestado	(nosotros) contestemos
2. contestaríais	habríais contestado	(vosotros) contestad
3. contestarían	habrían contestado	(Vds) contesten

SUBJUNCTIVE

PRESENT	IMPERFECT	PLUPERFECT
1. conteste	contest-ara/ase	hubiera contestado
2. contestes	contest-aras/ases	hubieras contestado
3. conteste	contest-ara/ase	hubiera contestado
1. contestemos	contest-áramos/ásemos	hubiéramos contestado
2. contestéis	contest-arais/aseis	hubierais contestado
3. contesten	contest-aran/asen	hubieran contestado

PERFECT haya contestado etc

INFINITIVE	*PARTICIPLE*
PRESENT	**PRESENT**
contestar	contestando
PAST	**PAST**
haber contestado	contestado

PRESENT	IMPERFECT	FUTURE
1. continúo	continuaba	continuaré
2. continúas	continuabas	continuarás
3. continúa	continuaba	continuará
1. continuamos	continuábamos	continuaremos
2. continuáis	continuabais	continuaréis
3. continúan	continuaban	continuarán

PRETERITE	PERFECT	PLUPERFECT
1. continué	he continuado	había continuado
2. continuaste	has continuado	habías continuado
3. continuó	ha continuado	había continuado
1. continuamos	hemos continuado	habíamos continuado
2. continuasteis	habéis continuado	habíais continuado
3. continuaron	han continuado	habían continuado

PAST ANTERIOR
hube continuado etc

FUTURE PERFECT
habré continuado etc

CONDITIONAL

PRESENT	PAST	*IMPERATIVE*
1. continuaría	habría continuado	
2. continuarías	habrías continuado	(tú) continúa
3. continuaría	habría continuado	(Vd) continúe
1. continuaríamos	habríamos continuado	(nosotros) continuemos
2. continuaríais	habríais continuado	(vosotros) continuad
3. continuarían	habrían continuado	(Vds) continúen

SUBJUNCTIVE

PRESENT	IMPERFECT	PLUPERFECT
1. continúe	continu-ara/ase	hubiera continuado
2. continúes	continu-aras/ases	hubieras continuado
3. continúe	continu-ara/ase	hubiera continuado
1. continuemos	continu-áramos/ásemos	hubiéramos continuado
2. continuéis	continu-arais/aseis	hubierais continuado
3. continúen	continu-aran/asen	hubieran continuado

PERFECT haya continuado etc

INFINITIVE	*PARTICIPLE*
PRESENT	**PRESENT**
continuar	continuando
PAST	**PAST**
haber continuado	continuado

CORREGIR to correct 57

PRESENT	IMPERFECT	FUTURE
1. corrijo	corregía	corregiré
2. corriges	corregías	corregirás
3. corrige	corregía	corregirá
1. corregimos	corregíamos	corregiremos
2. corrregís	corregíais	corregiréis
3. corrigen	corregían	corregirán

PRETERITE	PERFECT	PLUPERFECT
1. corregí	he corregido	había corregido
2. corregiste	has corregido	habías corregido
3. corrigió	ha corregido	había corregido
1. corregimos	hemos corregido	habíamos corregido
2. corregisteis	habéis corregido	habíais corregido
3. corrigieron	han corregido	habían corregido

PAST ANTERIOR	FUTURE PERFECT
hube corregido etc	habré corregido etc

CONDITIONAL / *IMPERATIVE*

PRESENT	PAST	
1. corregiría	habría corregido	
2. corregirías	habrías corregido	(tú) corrige
3. corregiría	habría corregido	(Vd) corrija
1. corregiríamos	habríamos corregido	(nosotros) corrijamos
2. corregiríais	habríais corregido	(vosotros) corregid
3. corregirían	habrían corregido	(Vds) corrijan

SUBJUNCTIVE

PRESENT	IMPERFECT	PLUPERFECT
1. corrija	corrig-iera/iese	hubiera corregido
2. corrijas	corrig-ieras/ieses	hubieras corregido
3. corrija	corrig-iera/iese	hubiera corregido
1. corrijamos	corrig-iéramos/iésemos	hubiéramos corregido
2. corrijáis	corrig-ierais/ieseis	hubierais corregido
3. corrijan	corrig-ieran/iesen	hubieran corregido

PERFECT haya corregido etc

INFINITIVE	*PARTICIPLE*
PRESENT	**PRESENT**
corregir	corrigiendo
PAST	**PAST**
haber corregido	corregido

PRESENT	IMPERFECT	FUTURE
1. corro	corría	correré
2. corres	corrías	correrás
3. corre	corría	correrá
1. corremos	corríamos	correremos
2. corréis	corríais	correréis
3. corren	corrían	correrán

PRETERITE	PERFECT	PLUPERFECT
1. corrí	he corrido	había corrido
2. corriste	has corrido	habías corrido
3. corrió	ha corrido	había corrido
1. corrimos	hemos corrido	habíamos corrido
2. corristeis	habéis corrido	habíais corrido
3. corrieron	han corrido	habían corrido

PAST ANTERIOR
hube corrido etc

FUTURE PERFECT
habré corrido etc

CONDITIONAL

PRESENT	PAST
1. correría	habría corrido
2. correrías	habrías corrido
3. correría	habría corrido
1. correríamos	habríamos corrido
2. correríais	habríais corrido
3. correrían	habrían corrido

IMPERATIVE

(tú) corre
(Vd) corra
(nosotros) corramos
(vosotros) corred
(Vds) corran

SUBJUNCTIVE

PRESENT	IMPERFECT	PLUPERFECT
1. corra	corr-iera/iese	hubiera corrido
2. corras	corr-ieras/ieses	hubieras corrido
3. corra	corr-iera/iese	hubiera corrido
1. corramos	corr-iéramos/iésemos	hubiéramos corrido
2. corráis	corr-ierais/ieseis	hubierais corrido
3. corran	corr-ieran/iesen	hubieran corrido

PERFECT haya corrido etc

INFINITIVE	*PARTICIPLE*
PRESENT	**PRESENT**
correr	corriendo
PAST	**PAST**
haber corrido	corrido

PRESENT	IMPERFECT	FUTURE
1. cuesto	costaba	costaré
2. cuestas	costabas	costarás
3. cuesta	costaba	costará
1. costamos	costábamos	costaremos
2. costáis	costabais	costaréis
3. cuestan	costaban	costarán

PRETERITE	PERFECT	PLUPERFECT
1. costé	he costado	había costado
2. costaste	has costado	habías costado
3. costó	ha costado	había costado
1. costamos	hemos costado	habíamos costado
2. costasteis	habéis costado	habíais costado
3. costaron	han costado	habían costado

PAST ANTERIOR		FUTURE PERFECT
hube costado etc		habré costado etc

CONDITIONAL		*IMPERATIVE*
PRESENT	PAST	
1. costaría	habría costado	
2. costarías	habrías costado	(tú) cuesta
3. costaría	habría costado	(Vd) cueste
1. costaríamos	habríamos costado	(nosotros) costemos
2. costaríais	habríais costado	(vosotros) costad
3. costarían	habrían costado	(Vds) cuesten

SUBJUNCTIVE

PRESENT	IMPERFECT	PLUPERFECT
1. cueste	cost-ara/ase	hubiera costado
2. cuestes	cost-aras/ases	hubieras costado
3. cueste	cost-ara/ase	hubiera costado
1. costemos	cost-áramos/ásemos	hubiéramos costado
2. costéis	cost-arais/aseis	hubierais costado
3. cuesten	cost-aran/asen	hubieran costado

PERFECT haya costado etc

INFINITIVE	*PARTICIPLE*
PRESENT	PRESENT
costar	costando
PAST	PAST
haber costado	costado

PRESENT	IMPERFECT	FUTURE
1. crezco	crecía	creceré
2. creces	crecías	crecerás
3. crece	crecía	crecerá
1. crecemos	crecíamos	creceremos
2. crecéis	crecíais	creceréis
3. crecen	crecían	crecerán
PRETERITE	**PERFECT**	**PLUPERFECT**
1. crecí	he crecido	había crecido
2. creciste	has crecido	habías crecido
3. creció	ha crecido	había crecido
1. crecimos	hemos crecido	habíamos crecido
2. crecisteis	habéis crecido	habíais crecido
3. crecieron	han crecido	habían crecido
PAST ANTERIOR		**FUTURE PERFECT**
hube crecido etc		habré crecido etc

CONDITIONAL		*IMPERATIVE*
PRESENT	**PAST**	
1. crecería	habría crecido	
2. crecerías	habrías crecido	(tú) crece
3. crecería	habría crecido	(Vd) crezca
1. creceríamos	habríamos crecido	(nosotros) crezcamos
2. creceríais	habríais crecido	(vosotros) creced
3. crecerían	habrían crecido	(Vds) crezcan

SUBJUNCTIVE		
PRESENT	**IMPERFECT**	**PLUPERFECT**
1. crezca	crec-iera/iese	hubiera crecido
2. crezcas	crec-ieras/ieses	hubieras crecido
3. crezca	crec-iera/iese	hubiera crecido
1. crezcamos	crec-iéramos/iésemos	hubiéramos crecido
2. crezcáis	crec-ierais/ieseis	hubierais crecido
3. crezcan	crec-ieran/iesen	hubieran crecido
PERFECT	haya crecido etc	

INFINITIVE	*PARTICIPLE*
PRESENT	**PRESENT**
crecer	creciendo
PAST	**PAST**
haber crecido	crecido

CREER to believe

PRESENT	IMPERFECT	FUTURE
1. creo	creía	creeré
2. crees	creías	creerás
3. cree	creía	creerá
1. creemos	creíamos	creeremos
2. creéis	creíais	creeréis
3. creen	creían	creerán

PRETERITE	PERFECT	PLUPERFECT
1. creí	he creído	había creido
2. creíste	has creído	habías creído
3. creyó	ha creído	había creído
1. creímos	hemos creído	habíamos creído
2. creísteis	habéis creído	habíais creído
3. creyeron	han creído	habían creído

PAST ANTERIOR
hube creído etc

FUTURE PERFECT
habré creído etc

CONDITIONAL

PRESENT	PAST
1. creería	habría creído
2. creerías	habrías creído
3. creería	habría creído
1. creeríamos	habríamos creído
2. creeríais	habríais creído
3. creerían	habrían creído

IMPERATIVE

(tú) cree
(Vd) crea
(nosotros) creamos
(vosotros) creed
(Vds) crean

SUBJUNCTIVE

PRESENT	IMPERFECT	PLUPERFECT
1. crea	cre-yera/yese	hubiera creído
2. creas	cre-yeras/yeses	hubieras creído
3. crea	cre-yera/yese	hubiera creído
1. creamos	cre-yéramos/yésemos	hubiéramos creído
2. creáis	cre-yerais/yeseis	hubierais creído
3. crean	cre-yeran/yesen	hubieran creído

PERFECT haya creído etc

INFINITIVE	*PARTICIPLE*
PRESENT	**PRESENT**
creer	creyendo
PAST	**PAST**
haber creído	creído

PRESENT	IMPERFECT	FUTURE
1. cruzo	cruzaba	cruzaré
2. cruzas	cruzabas	cruzarás
3. cruza	cruzaba	cruzará
1. cruzamos	cruzábamos	cruzaremos
2. cruzáis	cruzabais	cruzaréis
3. cruzan	cruzaban	cruzarán

PRETERITE	PERFECT	PLUPERFECT
1. crucé	he cruzado	había cruzado
2. cruzaste	has cruzado	habías cruzado
3. cruzó	ha cruzado	había cruzado
1. cruzamos	hemos cruzado	habíamos cruzado
2. cruzasteis	habéis cruzado	habíais cruzado
3. cruzaron	han cruzado	habían cruzado

PAST ANTERIOR
hube cruzado etc

FUTURE PERFECT
habré cruzado etc

CONDITIONAL

PRESENT	PAST	*IMPERATIVE*
1. cruzaría	habría cruzado	
2. cruzarías	habrías cruzado	(tú) cruza
3. cruzaría	habría cruzado	(Vd) cruce
1. cruzaríamos	habríamos cruzado	(nosotros) crucemos
2. cruzaríais	habríais cruzado	(vosotros) cruzad
3. cruzarían	habrían cruzado	(Vds) crucen

SUBJUNCTIVE

PRESENT	IMPERFECT	PLUPERFECT
1. cruce	cruz-ara/ase	hubiera cruzado
2. cruces	cruz-aras/ases	hubieras cruzado
3. cruce	cruz-ara/ase	hubiera cruzado
1. crucemos	cruz-áramos/ásemos	hubiéramos cruzado
2. crucéis	cruz-arais/aseis	hubierais cruzado
3. crucen	cruz-aran/asen	hubieran cruzado

PERFECT haya cruzado etc

INFINITIVE	*PARTICIPLE*
PRESENT	**PRESENT**
cruzar	cruzando
PAST	**PAST**
haber cruzado	cruzado

PRESENT	IMPERFECT	FUTURE
1. cubro	cubría	cubriré
2. cubres	cubrías	cubrirás
3. cubre	cubría	cubrirá
1. cubrimos	cubríamos	cubriremos
2. cubrís	cubríais	cubriréis
3. cubren	cubrían	cubrirán

PRETERITE	PERFECT	PLUPERFECT
1. cubrí	he cubierto	había cubierto
2. cubriste	has cubierto	habías cubierto
3. cubrió	ha cubierto	había cubierto
1. cubrimos	hemos cubierto	habíamos cubierto
2. cubristeis	habéis cubierto	habíais cubierto
3. cubrieron	han cubierto	habían cubierto

PAST ANTERIOR
hube cubierto etc

FUTURE PERFECT
habré cubierto etc

CONDITIONAL

PRESENT	PAST	*IMPERATIVE*
1. cubriría	habría cubierto	
2. cubrirías	habrías cubierto	(tú) cubre
3. cubriría	habría cubierto	(Vd) cubra
1. cubriríamos	habríamos cubierto	(nosotros) cubramos
2. cubriríais	habríais cubierto	(vosotros) cubrid
3. cubrirían	habrían cubierto	(Vds) cubran

SUBJUNCTIVE

PRESENT	IMPERFECT	PLUPERFECT
1. cubra	cubr-iera/iese	hubiera cubierto
2. cubras	cubr-ieras/ieses	hubieras cubierto
3. cubra	cubr-iera/iese	hubiera cubierto
1. cubramos	cubr-iéramos/iésemos	hubiéramos cubierto
2. cubráis	cubr-ierais/ieseis	hubierais cubierto
3. cubran	cubr-ieran/iesen	hubieran cubierto

PERFECT haya cubierto etc

INFINITIVE	*PARTICIPLE*
PRESENT	**PRESENT**
cubrir	cubriendo
PAST	**PAST**
haber cubierto	cubierto

PRESENT	IMPERFECT	FUTURE
1. doy	daba	daré
2. das	dabas	darás
3. da	daba	dará
1. damos	dábamos	daremos
2. dais	dabais	daréis
3. dan	daban	darán

PRETERITE	PERFECT	PLUPERFECT
1. di	he dado	había dado
2. diste	has dado	habías dado
3. dio	ha dado	había dado
1. dimos	hemos dado	habíamos dado
2. disteis	habéis dado	habíais dado
3. dieron	han dado	habían dado

PAST ANTERIOR	FUTURE PERFECT
hube dado etc	habré dado etc

CONDITIONAL / *IMPERATIVE*

PRESENT	PAST	
1. daría	habría dado	
2. darías	habrías dado	(tú) da
3. daría	habría dado	(Vd) dé
1. daríamos	habríamos dado	(nosotros) demos
2. daríais	habríais dado	(vosotros) dad
3. darían	habrían dado	(Vds) den

SUBJUNCTIVE

PRESENT	IMPERFECT	PLUPERFECT
1. dé	di-era/ese	hubiera dado
2. des	di-eras/eses	hubieras dado
3. dé	di-era/ese	hubiera dado
1. demos	di-éramos/ésemos	hubiéramos dado
2. deis	di-erais/eseis	hubierais dado
3. den	di-eran/esen	hubieran dado

PERFECT haya dado etc

INFINITIVE	*PARTICIPLE*
PRESENT	**PRESENT**
dar	dando
PAST	**PAST**
haber dado	dado

PRESENT	IMPERFECT	FUTURE
1. debo	debía	deberé
2. debes	debías	deberás
3. debe	debía	deberá
1. debemos	debíamos	deberemos
2. debéis	debíais	deberéis
3. deben	debían	deberán

PRETERITE	PERFECT	PLUPERFECT
1. debí	he debido	había debido
2. debiste	has debido	habías debido
3. debió	ha debido	había debido
1. debimos	hemos debido	habíamos debido
2. debisteis	habéis debido	habíais debido
3. debieron	han debido	habían debido

PAST ANTERIOR
hube debido etc

FUTURE PERFECT
habré debido etc

CONDITIONAL

PRESENT	PAST	*IMPERATIVE*
1. debería	habría debido	
2. deberías	habrías debido	(tú) debe
3. debería	habría debido	(Vd) deba
1. deberíamos	habríamos debido	(nosotros) debamos
2. deberíais	habríais debido	(vosotros) debed
3. deberían	habrían debido	(Vds) deban

SUBJUNCTIVE

PRESENT	IMPERFECT	PLUPERFECT
1. deba	deb-iera/iese	hubiera debido
2. debas	deb-ieras/ieses	hubieras debido
3. deba	deb-iera/iese	hubiera debido
1. debamos	deb-iéramos/iésemos	hubiéramos debido
2. debáis	deb-ierais/ieseis	hubierais debido
3. deban	deb-ieran/iesen	hubieran debido

PERFECT haya debido etc

INFINITIVE	*PARTICIPLE*
PRESENT	**PRESENT**
deber	debiendo
PAST	**PAST**
haber debido	debido

PRESENT	IMPERFECT	FUTURE
1. decido	decidía	decidiré
2. decides	decidías	decidirás
3. decide	decidía	decidirá
1. decidimos	decidíamos	decidiremos
2. decidís	decidíais	decidiréis
3. deciden	decidían	decidirán
PRETERITE	**PERFECT**	**PLUPERFECT**
1. decidí	he decidido	había decidido
2. decidiste	has decidido	habías decidido
3. decidió	ha decidido	había decidido
1. decidimos	hemos decidido	habíamos decidido
2. decidisteis	habéis decidido	habíais decidido
3. decidieron	han decidido	habían decidido
PAST ANTERIOR		**FUTURE PERFECT**
hube decidido etc		habré decidido etc

CONDITIONAL		*IMPERATIVE*
PRESENT	**PAST**	
1. decidiría	habría decidido	
2. decidirías	habrías decidido	(tú) decide
3. decidiría	habría decidido	(Vd) decida
1. decidiríamos	habríamos decidido	(nosotros) decidamos
2. decidiríais	habríais decidido	(vosotros) decidid
3. decidirían	habrían decidido	(Vds) decidan

SUBJUNCTIVE		
PRESENT	**IMPERFECT**	**PLUPERFECT**
1. decida	decid-iera/iese	hubiera decidido
2. decidas	decid-ieras/ieses	hubieras decidido
3. decida	decid-iera/iese	hubiera decidido
1. decidamos	decid-iéramos/iésemos	hubiéramos decidido
2. decidáis	decid-ierais/ieseis	hubierais decidido
3. decidan	decid-ieran/iesen	hubieran decidido
PERFECT	haya decidido etc	

INFINITIVE	*PARTICIPLE*
PRESENT	**PRESENT**
decidir	decidiendo
PAST	**PAST**
haber decidido	decidido

PRESENT	IMPERFECT	FUTURE
1. digo	decía	diré
2. dices	decías	dirás
3. dice	decía	dirá
1. decimos	decíamos	diremos
2. decís	decíais	diréis
3. dicen	decían	dirán
PRETERITE	**PERFECT**	**PLUPERFECT**
1. dije	he dicho	había dicho
2. dijiste	has dicho	habías dicho
3. dijo	ha dicho	había dicho
1. dijimos	hemos dicho	habíamos dicho
2. dijisteis	habéis dicho	habíais dicho
3. dijeron	han dicho	habían dicho
PAST ANTERIOR		**FUTURE PERFECT**
hube dicho etc		habré dicho etc

CONDITIONAL		*IMPERATIVE*
PRESENT	**PAST**	
1. diría	habría dicho	
2. dirías	habrías dicho	(tú) di
3. diría	habría dicho	(Vd) diga
1. diríamos	habríamos dicho	(nosotros) digamos
2. diríais	habríais dicho	(vosotros) decid
3. dirían	habrían dicho	(Vds) digan

SUBJUNCTIVE		
PRESENT	**IMPERFECT**	**PLUPERFECT**
1. diga	dij-era/ese	hubiera dicho
2. digas	dij-eras/eses	hubieras dicho
3. diga	dij-era/ese	hubiera dicho
1. digamos	dij-éramos/ésemos	hubiéramos dicho
2. digáis	dij-erais/eseis	hubierais dicho
3. digan	dij-eran/esen	hubieran dicho

PERFECT haya dicho etc

INFINITIVE	*PARTICIPLE*
PRESENT	**PRESENT**
decir	diciendo
PAST	**PAST**
haber dicho	dicho

PRESENT	IMPERFECT	FUTURE
1. degüello	degollaba	degollaré
2. degüellas	degollabas	degollarás
3. degüella	degollaba	degollará
1. degollamos	degollábamos	degollaremos
2. degolláis	degollabais	degollaréis
3. degüellan	degollaban	degollarán

PRETERITE	PERFECT	PLUPERFECT
1. degollé	he degollado	había degollado
2. degollaste	has degollado	habías degollado
3. degolló	ha degollado	había degollado
1. degollamos	hemos degollado	habíamos degollado
2. degollasteis	habéis degollado	habíais degollado
3. degollaron	han degollado	habían degollado

PAST ANTERIOR	FUTURE PERFECT
hube degollado etc	habré degollado etc

CONDITIONAL | *IMPERATIVE*

PRESENT	PAST	
1. degollaría	habría degollado	
2. degollarías	habrías degollado	(tú) degüella
3. degollaría	habría degollado	(Vd) degüelle
1. degollaríamos	habríamos degollado	(nosotros) degollemos
2. degollaríais	habríais degollado	(vosotros) degollad
3. degollarían	habrían degollado	(Vds) degüellen

SUBJUNCTIVE

PRESENT	IMPERFECT	PLUPERFECT
1. degüelle	degoll-ara/ase	hubiera degollado
2. degüelles	degoll-aras/ases	hubieras degollado
3. degüelle	degoll-ara/ase	hubiera degollado
1. degollemos	degoll-áramos/ásemos	hubiéramos degollado
2. degolléis	degoll-arais/aseis	hubierais degollado
3. degüellen	degoll-aran/asen	hubieran degollado

PERFECT haya degollado etc

INFINITIVE	*PARTICIPLE*
PRESENT	**PRESENT**
degollar	degollando
PAST	**PAST**
haber degollado	degollado

DEJAR to leave, to let 69

PRESENT	IMPERFECT	FUTURE
1. dejo	dejaba	dejaré
2. dejas	dejabas	dejarás
3. deja	dejaba	dejará
1. dejamos	dejábamos	dejaremos
2. dejáis	dejabais	dejaréis
3. dejan	dejaban	dejarán

PRETERITE	PERFECT	PLUPERFECT
1. dejé	he dejado	había dejado
2. dejaste	has dejado	habías dejado
3. dejó	ha dejado	había dejado
1. dejamos	hemos dejado	habíamos dejado
2. dejasteis	habéis dejado	habíais dejado
3 dejaron	han dejado	habían dejado

PAST ANTERIOR	FUTURE PERFECT
hube dejado etc	habré dejado etc

CONDITIONAL / *IMPERATIVE*

PRESENT	PAST	
1. dejaría	habría dejado	
2. dejarías	habrías dejado	(tú) deja
3. dejaría	habría dejado	(Vd) deje
1. dejaríamos	habríamos dejado	(nosotros) dejemos
2. dejaríais	habríais dejado	(vosotros) dejad
3. dejarían	habrían dejado	(Vds) dejen

SUBJUNCTIVE

PRESENT	IMPERFECT	PLUPERFECT
1. deje	dej-ara/ase	hubiera dejado
2. dejes	dej-aras/ases	hubieras dejado
3. deje	dej-ara/ase	hubiera dejado
1. dejemos	dej-áramos/ásemos	hubiéramos dejado
2. dejéis	dej-arais/aseis	hubierais dejado
3. dejen	dej-aran/asen	hubieran dejado

PERFECT haya dejado etc

INFINITIVE	*PARTICIPLE*
PRESENT	**PRESENT**
dejar	dejando
PAST	**PAST**
haber dejado	dejado

DELINQUIR to commit an offence

PRESENT	IMPERFECT	FUTURE
1. delinco	delinquía	delinquiré
2. delinques	delinquías	delinquirás
3. delinque	delinquía	delinquirá
1. delinquimos	delinquíamos	delinquiremos
2. delinquís	delinquíais	delinquiréis
3. delinquen	delinquían	delinquirán

PRETERITE	PERFECT	PLUPERFECT
1. delinquí	he delinquido	había delinquido
2. delinquiste	has delinquido	habías delinquido
3. delinquió	ha delinquido	había delinquido
1. delinquimos	hemos delinquido	habíamos delinquido
2. delinquisteis	habéis delinquido	habíais delinquido
3. delinquieron	han delinquido	habían delinquido

PAST ANTERIOR	FUTURE PERFECT
hube delinquido etc	habré delinquido etc

CONDITIONAL | *IMPERATIVE*

PRESENT	PAST	
1. delinquiría	habría delinquido	
2. delinquirías	habrías delinquido	(tú) delinque
3. delinquiría	habría delinquido	(Vd) delinca
1. delinquiríamos	habríamos delinquido	(nosotros) delincamos
2. delinquiríais	habríais delinquido	(vosotros) delinquid
3. delinquirían	habrían delinquido	(Vds) delincan

SUBJUNCTIVE

PRESENT	IMPERFECT	PLUPERFECT
1. delinca	delinqu-iera/iese	hubiera delinquido
2. delincas	delinqu-ieras/ieses	hubieras delinquido
3. delinca	delinqu-iera/iese	hubiera delinquido
1. delincamos	delinqu-iéramos/iésemos	hubiéramos delinquido
2. delincáis	delinqu-ierais/ieseis	hubierais delinquido
3. delincan	delinqu-ieran/iesen	hubieran delinquido

PERFECT haya delinquido etc

INFINITIVE	*PARTICIPLE*
PRESENT	**PRESENT**
delinquir	delinquiendo
PAST	**PAST**
haber delinquido	delinquido

PRESENT	IMPERFECT	FUTURE
1. desciendo	descendía	descenderé
2. desciendes	descendías	descenderás
3. desciende	descendía	descenderá
1. descendemos	descendíamos	descenderemos
2. descendéis	descendíais	descenderéis
3. descienden	descendían	descenderán

PRETERITE	PERFECT	PLUPERFECT
1. descendí	he descendido	había descendido
2. descendiste	has descendido	habías descendido
3. descendió	ha descendido	había descendido
1. descendimos	hemos descendido	habíamos descendido
2. descendisteis	habéis descendido	habíais descendido
3. descendieron	han descendido	habían descendido

PAST ANTERIOR	FUTURE PERFECT
hube descendido etc	habré descendido etc

CONDITIONAL / *IMPERATIVE*

PRESENT	PAST	
1. descendería	habría descendido	
2. descenderías	habrías descendido	(tú) desciende
3. descendería	habría descendido	(Vd) descienda
1. descenderíamos	habríamos descendido	(nosotros) descendamos
2. descenderíais	habríais descendido	(vosotros) descended
3. descenderían	habrían descendido	(Vds) desciendan

SUBJUNCTIVE

PRESENT	IMPERFECT	PLUPERFECT
1. descienda	descend-iera/iese	hubiera descendido
2. desciendas	descend-ieras/ieses	hubieras descendido
3. descienda	descend-iera/iese	hubiera descendido
1. descendamos	descend-iéramos/iésemos	hubiéramos descendido
2. descendáis	descend-ierais/ieseis	hubierais descendido
3. desciendan	descend-ieran/iesen	hubieran descendido

PERFECT haya descendido etc

INFINITIVE	*PARTICIPLE*
PRESENT	PRESENT
descender	descendiendo
PAST	PAST
haber descendido	descendido

PRESENT	IMPERFECT	FUTURE
1. descubro	descubría	descubriré
2. descubres	descubrías	descubrirás
3. descubre	descubría	descubrirá
1. descubrimos	descubríamos	descubriremos
2. descubrís	descubríais	descubriréis
3. descubren	descubrían	descubrirán

PRETERITE	PERFECT	PLUPERFECT
1. descubrí	he descubierto	había descubierto
2. descubriste	has descubierto	habías descubierto
3. descubrió	ha descubierto	había descubierto
1. descubrimos	hemos descubierto	habíamos descubierto
2. descubristeis	habéis descubierto	habíais descubierto
3. descubrieron	han descubierto	habían descubierto

PAST ANTERIOR
hube descubierto etc

FUTURE PERFECT
habré descubierto etc

CONDITIONAL

PRESENT	PAST
1. descubriría	habría descubierto
2. descubrirías	habrías descubierto
3. descubriría	habría descubierto
1. descubriríamos	habríamos descubierto
2. descubriríais	habríais descubierto
3. descubrirían	habrían descubierto

IMPERATIVE

(tú) descubre
(Vd) descubra
(nosotros) descubramos
(vosotros) descubrid
(Vds) descubran

SUBJUNCTIVE

PRESENT	IMPERFECT	PLUPERFECT
1. descubra	descubr-iera/iese	hubiera descubierto
2. descubras	descubr-ieras/ieses	hubieras descubierto
3. descubra	descubr-iera/iese	hubiera descubierto
1. descubramos	descubr-iéramos/iésemos	hubiéramos descubierto
2. descubráis	descubr-ierais/ieseis	hubierais descubierto
3. descubran	descubr-ieran/iesen	hubieran descubierto

PERFECT haya descubierto etc

INFINITIVE

PRESENT
descubrir

PAST
haber descubierto

PARTICIPLE

PRESENT
descubriendo

PAST
descubierto

DESPERTARSE to wake up

PRESENT	IMPERFECT	FUTURE
1. me despierto	me despertaba	me despertaré
2. te despiertas	te despertabas	te despertarás
3. se despierta	se despertaba	se despertará
1. nos despertamos	nos despertábamos	nos despertaremos
2. os despertáis	os despertabais	os despertaréis
3. se despiertan	se despertaban	se despertarán

PRETERITE	PERFECT	PLUPERFECT
1. me desperté	me he despertado	me había despertado
2. te despertaste	te has despertado	te habías despertado
3. se despertó	se ha despertado	se había despertado
1. nos despertamos	nos hemos despertado	nos habíamos despertado
2. os despertasteis	os habéis despertado	os habíais despertado
3. se despertaron	se han despertado	se habían despertado

PAST ANTERIOR
me hube despertado etc

FUTURE PERFECT
me habré despertado etc

CONDITIONAL

PRESENT	PAST	*IMPERATIVE*
1. me despertaría	me habría despertado	
2. te despertarías	te habrías despertado	(tú) despiértate
3. se despertaría	se habría despertado	(Vd) despiértese
1. nos despertaríamos	nos habríamos despertado	(nosotros) despertémonos
2. os despertaríais	os habríais despertado	(vosotros) despertaos
3. se despertarían	se habrían despertado	(Vds) despiértense

SUBJUNCTIVE

PRESENT	IMPERFECT	PLUPERFECT
1. me despierte	me despert-ara/ase	me hubiera despertado
2. te despiertes	te despert-aras/ases	te hubieras despertado
3. se despierte	se despert-ara/ase	se hubiera despertado
1. nos despertemos	nos despert-áramos/ásemos	nos hubiéramos despertado
2. os despertéis	os despert-arais/aseis	os hubierais despertado
3. se despierten	se despert-aran/asen	se hubieran despertado

PERFECT me haya despertado etc

INFINITIVE	*PARTICIPLE*
PRESENT	**PRESENT**
despertarse	despertándose
PAST	**PAST**
haberse despertado	despertado

PRESENT	IMPERFECT	FUTURE
1. destruyo	destruía	destruiré
2. destruyes	destruías	destruirás
3. destruye	destruía	destruirá
1. destruimos	destruíamos	destruiremos
2. destruís	destruíais	destruiréis
3. destruyen	destruían	destruirán

PRETERITE	PERFECT	PLUPERFECT
1. destruí	he destruido	había destruido
2. destruiste	has destruido	habías destruido
3. destruyó	ha destruido	había destruido
1. destruimos	hemos destruido	habíamos destruido
2. destruisteis	habéis destruido	habíais destruido
3. destruyeron	han destruido	habían destruido

PAST ANTERIOR		FUTURE PERFECT
hube destruido etc		habré destruido etc

CONDITIONAL		*IMPERATIVE*
PRESENT	PAST	
1. destruiría	habría destruido	
2. destruirías	habrías destruido	(tú) destruye
3. destruiría	habría destruido	(Vd) destruya
1. destruiríamos	habríamos destruido	(nosotros) destruyamos
2. destruiríais	habríais destruido	(vosotros) destruid
3. destruirían	habrían destruido	(Vds) destruyan

SUBJUNCTIVE

PRESENT	IMPERFECT	PLUPERFECT
1. destruya	destru-yera/yese	hubiera destruido
2. destruyas	destru-yeras/yeses	hubieras destruido
3. destruya	destru-yera/yese	hubiera destruido
1. destruyamos	destru-yéramos/yésemos	hubiéramos destruido
2. destruyáis	destru-yerais/yeseis	hubierais destruido
3. destruyan	destru-yeran/yesen	hubieran destruido

PERFECT haya destruido etc

INFINITIVE	*PARTICIPLE*
PRESENT	PRESENT
destruir	destruyendo
PAST	PAST
haber destruido	destruido

DIGERIR to digest

PRESENT	IMPERFECT	FUTURE
1. digiero	digería	digeriré
2. digieres	digerías	digerirás
3. digiere	digería	digerirá
1. digerimos	digeríamos	digeriremos
2. digerís	digeríais	digeriréis
3. digieren	digerían	digerirán

PRETERITE	PERFECT	PLUPERFECT
1. digerí	he digerido	había digerido
2. digeriste	has digerido	habías digerido
3. digjrió	ha digerido	había digerido
1. digerimos	hemos digerido	habíamos digerido
2. digeristeis	habéis digerido	habíais digerido
3. digirieron	han digerido	habían digerido

PAST ANTERIOR		FUTURE PERFECT
hube digerido etc		habré digerido etc

CONDITIONAL | *IMPERATIVE*

PRESENT	PAST	
1. digeriría	habría digerido	
2. digerirías	habrías digerido	(tú) digiere
3. digeriría	habría digerido	(Vd) digiera
1. digeriríamos	habríamos digerido	(nosotros) digiramos
2. digeriríais	habríais digerido	(vosotros) digerid
3. digerirían	habrían digerido	(Vds) digieran

SUBJUNCTIVE

PRESENT	IMPERFECT	PLUPERFECT
1. digiera	digir-iera/iese	hubiera digerido
2. digieras	digir-ieras/ieses	hubieras digerido
3. digiera	digir-iera/iese	hubiera digerido
1. digiramos	digir-iéramos/iésemos	hubiéramos digerido
2. digiráis	digir-ierais/ieseis	hubierais digerido
3. digieran	digir-ieran/iesen	hubieran digerido

PERFECT haya digerido etc

INFINITIVE	*PARTICIPLE*
PRESENT	**PRESENT**
digerir	digiriendo
PAST	**PAST**
haber digerido	digerido

PRESENT	IMPERFECT	FUTURE
1. dirijo	dirigía	dirigiré
2. diriges	dirigías	dirigirás
3. dirige	dirigía	dirigirá
1. dirigimos	dirigíamos	dirigiremos
2. dirigís	dirigíais	dirigiréis
3. dirigen	dirigían	dirigirán

PRETERITE	PERFECT	PLUPERFECT
1. dirigí	he dirigido	había dirigido
2. dirigiste	has dirigido	habías dirigido
3. dirigió	ha dirigido	había dirigido
1. dirigimos	hemos dirigido	habíamos dirigido
2. dirigisteis	habéis dirigido	habíais dirigido
3. dirigieron	han dirigido	habían dirigido

PAST ANTERIOR
hube dirigido etc

FUTURE PERFECT
habré dirigido etc

CONDITIONAL / *IMPERATIVE*

PRESENT	PAST	
1. dirigiría	habría dirigido	
2. dirigirías	habrías dirigido	(tú) dirige
3. dirigiría	habría dirigido	(Vd) dirija
1. dirigiríamos	habríamos dirigido	(nosotros) dirijamos
2. dirigiríais	habríais dirigido	(vosotros) dirigid
3. dirigirían	habrían dirigido	(Vds) dirijan

SUBJUNCTIVE

PRESENT	IMPERFECT	PLUPERFECT
1. dirija	dirig-iera/iese	hubiera dirigido
2. dirijas	dirig-ieras/ieses	hubieras dirigido
3. dirija	dirig-iera/iese	hubiera dirigido
1. dirijamos	dirig-iéramos/iésemos	hubiéramos dirigido
2. dirijáis	dirig-ierais/ieseis	hubierais dirigido
3. dirijan	dirig-ieran/iesen	hubieran dirigido

PERFECT haya dirigido etc

INFINITIVE	*PARTICIPLE*
PRESENT	**PRESENT**
dirigir	dirigiendo
PAST	**PAST**
haber dirigido	dirigido

PRESENT	IMPERFECT	FUTURE
1. discierno	discernía	discerniré
2. disciernes	discernías	discernirás
3. discierne	discernía	discernirá
1. discernimos	discerníamos	discerniremos
2. discernís	discerníais	discerniréis
3. disciernen	discernían	discernirán

PRETERITE	PERFECT	PLUPERFECT
1. discerní	he discernido	había discernido
2. discerniste	has discernido	habías discernido
3. discernió	ha discernido	había discernido
1. discernimos	hemos discernido	habíamos discernido
2. discernisteis	habéis discernido	habíais discernido
3. discernieron	han discernido	habían discernido

PAST ANTERIOR		FUTURE PERFECT
hube discernido etc		habré discernido etc

CONDITIONAL / *IMPERATIVE*

PRESENT	PAST	
1. discerniría	habría discernido	
2. discernirías	habrías discernido	(tú) discierne
3. discerniría	habría discernido	(Vd) discierna
1. discerniríamos	habríamos discernido	(nosotros) discirnamos
2. discerniríais	habríais discernido	(vosotros) discernid
3. discernirían	habrían discernido	(Vds) disciernan

SUBJUNCTIVE

PRESENT	IMPERFECT	PLUPERFECT
1. discierna	discirn-iera/iese	hubiera discernido
2. disciernas	discirn-ieras/ieses	hubieras discernido
3. discierna	discirn-iera/iese	hubiera discernido
1. discirnamos	discirn-iéramos/iésemos	hubiéramos discernido
2. discirnáis	discirn-ierais/ieseis	hubierais discernido
3. disciernan	discirn-ieran/iesen	hubieran discernido

PERFECT haya discernido etc

INFINITIVE	*PARTICIPLE*
PRESENT	**PRESENT**
discernir	discirniendo
PAST	**PAST**
haber discernido	discernido

DISTINGUIR to distinguish

PRESENT	IMPERFECT	FUTURE
1. distingo	distinguía	distinguiré
2. distingues	distinguías	distinguirás
3. distingue	distinguía	distinguirá
1. distinguimos	distinguíamos	distinguiremos
2. distinguís	distinguíais	distinguiréis
3. distinguen	distinguían	distinguirán
PRETERITE	**PERFECT**	**PLUPERFECT**
1. distinguí	he distinguido	había distinguido
2. distinguiste	has distinguido	habías distinguido
3. distinguió	ha distinguido	había distinguido
1. distinguimos	hemos distinguido	habíamos distinguido
2. distinguisteis	habéis distinguido	habíais distinguido
3. distinguieron	han distinguido	habían distinguido
PAST ANTERIOR		**FUTURE PERFECT**
hube distinguido etc		habré distinguido etc

CONDITIONAL		*IMPERATIVE*
PRESENT	**PAST**	
1. distinguiría	habría distinguido	
2. distinguirías	habrías distinguido	(tú) distingue
3. distinguiría	habría distinguido	(Vd) distinga
1. distinguiríamos	habríamos distinguido	(nosotros) distingamos
2. distinguiríais	habríais distinguido	(vosotros) dintinguid
3. distinguirían	habrían distinguido	(Vds) distingan

SUBJUNCTIVE		
PRESENT	**IMPERFECT**	**PLUPERFECT**
1. distinga	distingu-iera/iese	hubiera distinguido
2. distingas	distingu-ieras/ieses	hubieras distinguido
3. distinga	distingu-iera/iese	hubiera distinguido
1. distingamos	distingu-iéramos/iésemos	hubiéramos distinguido
2. distingáis	distingu-ierais/ieseis	hubierais distinguido
3. distingan	distingu-ieran/iesen	hubieran distinguido

PERFECT haya distinguido etc

INFINITIVE	*PARTICIPLE*
PRESENT	**PRESENT**
distinguir	distinguiendo
PAST	**PAST**
haber distinguido	distinguido

DIVERTIRSE to have a good time

PRESENT	IMPERFECT	FUTURE
1. me divierto	me divertía	me divertiré
2. te diviertes	te divertías	te divertirás
3. se divierte	se divertía	se divertirá
1. nos divertimos	nos divertíamos	nos divertiremos
2. os divertís	os divertíais	os divertiréis
3. se divierten	se divertían	se divertirán

PRETERITE	PERFECT	PLUPERFECT
1. me divertí	me he divertido	me había divertido
2. te divertiste	te has divertido	te habías divertido
3. se divirtió	se ha divertido	se había divertido
1. nos divertimos	nos hemos divertido	nos habíamos divertido
2. os divertisteis	os habéis divertido	os habíais divertido
3. se divirtieron	se han divertido	se habían divertido

PAST ANTERIOR
me hube divertido etc

FUTURE PERFECT
me habré divertido etc

CONDITIONAL

PRESENT	PAST
1. me divertiría	me habría divertido
2. te divertirías	te habrías divertido
3. se divertiría	se habría divertido
1. nos divertiríamos	nos habríamos divertido
2. os divertiríais	os habríais divertido
3. se divertirían	se habrían divertido

IMPERATIVE

(tú) diviértete
(Vd) diviértase
(nosotros) divirtámonos
(vosotros) divertíos
(Vds) diviértanse

SUBJUNCTIVE

PRESENT	IMPERFECT	PLUPERFECT
1. me divierta	me divirt-iera/iese	me hubiera divertido
2. te diviertas	te divirt-ieras/ieses	te hubieras divertido
3. se divierta	se divirt-iera/iese	se hubiera divertido
1. nos divirtamos	nos divirt-iéramos/iésemos	nos hubiéramos divertido
2. os divirtáis	os divirt-ierais/ieseis	os hubierais divertido
3. se diviertan	se divirt-ieran/iesen	se hubieran divertido

PERFECT me haya divertido etc

INFINITIVE

PRESENT
divertirse

PAST
haberse divertido

PARTICIPLE

PRESENT
divirtiéndose

PAST
divertido

DOLER to hurt, to grieve

PRESENT	IMPERFECT	FUTURE
1. duelo	dolía	doleré
2. dueles	dolías	dolerás
3. duele	dolía	dolerá
1. dolemos	dolíamos	doleremos
2. doléis	dolíais	doleréis
3. duelen	dolían	dolerán

PRETERITE	PERFECT	PLUPERFECT
1. dolí	he dolido	había dolido
2. doliste	has dolido	habías dolido
3. dolió	ha dolido	había dolido
1. dolimos	hemos dolido	habíamos dolido
2. dolisteis	habéis dolido	habíais dolido
3. dolieron	han dolido	habían dolido

PAST ANTERIOR		FUTURE PERFECT
hube dolido etc		habré dolido etc

CONDITIONAL / *IMPERATIVE*

PRESENT	PAST	
1. dolería	habría dolido	
2. dolerías	habrías dolido	(tú) duele
3. dolería	habría dolido	(Vd) duela
1. doleríamos	habríamos dolido	(nosotros) dolamos
2. doleríais	habríais dolido	(vosotros) doled
3. dolerían	habrían dolido	(Vds) duelan

SUBJUNCTIVE

PRESENT	IMPERFECT	PLUPERFECT
1. duela	dol-iera/iese	hubiera dolido
2. duelas	dol-ieras/ieses	hubieras dolido
3. duela	dol-iera/iese	hubiera dolido
1. dolamos	dol-iéramos/iésemos	hubiéramos dolido
2. doláis	dol-ierais/ieseis	hubierais dolido
3. duelan	dol-ieran/iesen	hubieran dolido

PERFECT haya dolido etc

INFINITIVE	*PARTICIPLE*	*NOTE*
PRESENT doler	**PRESENT** doliendo	In the sense of 'hurt' only 3rd person sing. is used. In the sense of 'grieve' this verb is normally reflexive
PAST haber dolido	**PAST** dolido	

DORMIR to sleep

PRESENT	IMPERFECT	FUTURE
1. duermo	dormía	dormiré
2. duermes	dormías	dormirás
3. duerme	dormía	dormirá
1. dormimos	dormíamos	dormiremos
2. dormís	dormíais	dormiréis
3. duermen	dormían	dormirán
PRETERITE	**PERFECT**	**PLUPERFECT**
1. dormí	he dormido	había dormido
2. dormiste	has dormido	habías dormido
3. durmió	ha dormido	había dormido
1. dormimos	hemos dormido	habíamos dormido
2. dormisteis	habéis dormido	habíais dormido
3. durmieron	han dormido	habían dormido
PAST ANTERIOR		**FUTURE PERFECT**
hube dormido etc		habré dormido etc

CONDITIONAL		*IMPERATIVE*
PRESENT	**PAST**	
1. dormiría	habría dormido	
2. dormirías	habrías dormido	(tú) duerme
3. dormiría	habría dormido	(Vd) duerma
1. dormiríamos	habríamos dormido	(nosotros) durmamos
2. dormiríais	habríais dormido	(vosotros) dormid
3. dormirían	habrían dormido	(Vds) duerman

SUBJUNCTIVE		
PRESENT	**IMPERFECT**	**PLUPERFECT**
1. duerma	durm-iera/iese	hubiera dormido
2. duermas	durm-ieras/ieses	hubieras dormido
3. duerma	durm-iera/iese	hubiera dormido
1. durmamos	durm-iéramos/iésemos	hubiéramos dormido
2. durmáis	durm-ierais/ieseis	hubierais dormido
3. duerman	durm-ieran/iesen	hubieran dormido
PERFECT	haya dormido etc	

INFINITIVE	*PARTICIPLE*
PRESENT	**PRESENT**
dormir	durmiendo
PAST	**PAST**
haber dormido	dormido

PRESENT	IMPERFECT	FUTURE
1. educo	educaba	educaré
2. educas	educabas	educarás
3. educa	educaba	educará
1. educamos	educábamos	educaremos
2. educáis	educabais	educaréis
3. educan	educaban	educarán

PRETERITE	PERFECT	PLUPERFECT
1. eduqué	he educado	había educado
2. educaste	has educado	habías educado
3. educó	ha educado	había educado
1. educamos	hemos educado	habíamos educado
2. educasteis	habéis educado	habíais educado
3. educaron	han educado	habían educado

PAST ANTERIOR
hube educado etc

FUTURE PERFECT
habré educado etc

CONDITIONAL

PRESENT	PAST
1. educaría	habría educado
2. educarías	habrías educado
3. educaría	habría educado
1. educaríamos	habríamos educado
2. educaríais	habríais educado
3. educarían	habrían educado

IMPERATIVE

(tú) educa
(Vd) eduque
(nosotros) eduquemos
(vosotros) educad
(Vds) eduquen

SUBJUNCTIVE

PRESENT	IMPERFECT	PLUPERFECT
1. eduque	educ-ara/ase	hubiera educado
2. eduques	educ-aras/ases	hubieras educado
3. eduque	educ-ara/ase	hubiera educado
1. eduquemos	educ-áramos/ásemos	hubiéramos educado
2. eduquéis	educ-arais/aseis	hubierais educado
3. eduquen	educ-aran/asen	hubieran educado

PERFECT haya educado etc

INFINITIVE	*PARTICIPLE*
PRESENT	**PRESENT**
educar	educando
PAST	**PAST**
haber educado	educado

PRESENT	IMPERFECT	FUTURE
1. elijo	elegía	elegiré
2. eliges	elegías	elegirás
3. elige	elegía	elegirá
1. elegimos	elegíamos	elegiremos
2. elegís	elegíais	elegiréis
3. eligen	elegían	elegirán

PRETERITE	PERFECT	PLUPERFECT
1. elegí	he elegido	había elegido
2. elegiste	has elegido	habías elegido
3. eligió	ha elegido	había elegido
1. elegimos	hemos elegido	habíamos elegido
2. elegisteis	habéis elegido	habíais elegido
3. eligieron	han elegido	habían elegido

PAST ANTERIOR		FUTURE PERFECT
hube elegido etc		habré elegido etc

CONDITIONAL / *IMPERATIVE*

PRESENT	PAST	
1. elegiría	habría elegido	
2. elegirías	habrías elegido	(tú) elige
3. elegiría	habría elegido	(Vd) elija
1. elegiríamos	habríamos elegido	(nosotros) elijamos
2. elegiríais	habríais elegido	(vosotros) elegid
3. elegirían	habrían elegido	(Vds) elijan

SUBJUNCTIVE

PRESENT	IMPERFECT	PLUPERFECT
1. elija	elig-iera/iese	hubiera elegido
2. elijas	elig-ieras/ieses	hubieras elegido
3. elija	elig-iera/iese	hubiera elegido
1. elijamos	elig-iéramos/iésemos	hubiéramos elegido
2. elijáis	elig-ierais/ieseis	hubierais elegido
3. elijan	elig-ieran/iesen	hubieran elegido

PERFECT haya elegido etc

INFINITIVE	*PARTICIPLE*
PRESENT	**PRESENT**
elegir	eligiendo
PAST	**PAST**
haber elegido	elegido

EMBARCAR to embark

PRESENT	IMPERFECT	FUTURE
1. embarco	embarcaba	embarcaré
2. embarcas	embarcabas	embarcarás
3. embarca	embarcaba	embarcará
1. embarcamos	embarcábamos	embarcaremos
2. embarcáis	embarcabais	embarcaréis
3. embarcan	embarcaban	embarcarán

PRETERITE	PERFECT	PLUPERFECT
1. embarqué	he embarcado	había embarcado
2. embarcaste	has embarcado	habías embarcado
3. embarcó	ha embarcado	había embarcado
1. embarcamos	hemos embarcado	habíamos embarcado
2. embarcasteis	habéis embarcado	habíais embarcado
3. embarcaron	han embarcado	habían embarcado

PAST ANTERIOR
hube embarcado etc

FUTURE PERFECT
habré embarcado etc

CONDITIONAL

PRESENT	PAST
1. embarcaría	habría embarcado
2. embarcarías	habrías embarcado
3. embarcaría	habría embarcado
1. embarcaríamos	habríamos embarcado
2. embarcaríais	habríais embarcado
3. embarcarían	habrían embarcado

IMPERATIVE

(tú) embarca
(Vd) embarque
(nosotros) embarquemos
(vosotros) embarcad
(Vds) embarquen

SUBJUNCTIVE

PRESENT	IMPERFECT	PLUPERFECT
1. embarque	embarc-ara/ase	hubiera embarcado
2. embarques	embarc-aras/ases	hubieras embarcado
3. embarque	embarc-ara/ase	hubiera embarcado
1. embarquemos	embarc-áramos/ásemos	hubiéramos embarcado
2. embarquéis	embarc-arais/aseis	hubierais embarcado
3. embarquen	embarc-aran/asen	hubieran embarcado

PERFECT haya embarcado etc

INFINITIVE

PRESENT
embarcar

PAST
haber embarcado

PARTICIPLE

PRESENT
embarcando

PAST
embarcado

PRESENT	IMPERFECT	FUTURE
1. empiezo	empezaba	empezaré
2. empiezas	empezabas	empezarás
3. empieza	empezaba	empezará
1. empezamos	empezábamos	empezaremos
2. empezáis	empezabais	empezaréis
3. empiezan	empezaban	empezarán

PRETERITE	PERFECT	PLUPERFECT
1. empecé	he empezado	había empezado
2. empezaste	has empezado	habías empezado
3. empezó	ha empezado	había empezado
1. empezamos	hemos empezado	habíamos empezado
2. empezasteis	habéis empezado	habíais empezado
3. empezaron	han empezado	habían empezado

PAST ANTERIOR
hube empezado etc

FUTURE PERFECT
habré empezado etc

CONDITIONAL | *IMPERATIVE*

PRESENT	PAST	
1. empezaría	habría empezado	
2. empezarías	habrías empezado	(tú) empieza
3. empezaría	habría empezado	(Vd) empiece
1. empezaríamos	habríamos empezado	(nosotros) empecemos
2. empezaríais	habríais empezado	(vosotros) empezad
3. empezarían	habrían empezado	(Vds) empiecen

SUBJUNCTIVE

PRESENT	IMPERFECT	PLUPERFECT
1. empiece	empez-ara/ase	hubiera empezado
2. empieces	empez-aras/ases	hubieras empezado
3. empiece	empez-ara/ase	hubiera empezado
1. empecemos	empez-áramos/ásemos	hubiéramos empezado
2. empecéis	empez-arais/aseis	hubierais empezado
3. empiecen	empez-aran/asen	hubieran empezado

PERFECT haya empezado etc

INFINITIVE	*PARTICIPLE*
PRESENT	**PRESENT**
empezar	empezando
PAST	**PAST**
haber empezado	empezado

PRESENT	IMPERFECT	FUTURE
1. empujo	empujaba	empujaré
2. empujas	empujabas	empujarás
3. empuja	empujaba	empujará
1. empujamos	empujábamos	empujaremos
2. empujáis	empujabais	empujaréis
3. empujan	empujaban	empujarán

PRETERITE	PERFECT	PLUPERFECT
1. empujé	he empujado	había empujado
2. empujaste	has empujado	habías empujado
3. empujó	ha empujado	había empujado
1. empujamos	hemos empujado	habíamos empujado
2. empujasteis	habéis empujado	habíais empujado
3. empujaron	han empujado	habían empujado

PAST ANTERIOR
hube empujado etc

FUTURE PERFECT
habré empujado etc

CONDITIONAL

PRESENT	PAST	*IMPERATIVE*
1. empujaría	habría empujado	
2. empujarías	habrías empujado	(tú) empuja
3. empujaría	habría empujado	(Vd) empuje
1. empujaríamos	habríamos empujado	(nosotros) empujemos
2. empujaríais	habríais empujado	(vosotros) empujad
3. empujarían	habrían empujado	(Vds) empujen

SUBJUNCTIVE

PRESENT	IMPERFECT	PLUPERFECT
1. empuje	empuj-ara/ase	hubiera empujado
2. empujes	empuj-aras/ases	hubieras empujado
3. empuje	empuj-ara/ase	hubiera empujado
1. empujemos	empuj-áramos/ásemos	hubiéramos empujado
2. empujéis	empuj-arais/aseis	hubierais empujado
3. empujen	empuj-aran/asen	hubieran empujado

PERFECT haya empujado etc

INFINITIVE	*PARTICIPLE*
PRESENT	**PRESENT**
empujar	empujando
PAST	**PAST**
haber empujado	empujado

ENCENDER to light, to switch on **87**

PRESENT	IMPERFECT	FUTURE
1. enciendo	encendía	encenderé
2. enciendes	encendías	encenderás
3. enciende	encendía	encenderá
1. encendemos	encendíamos	encenderemos
2. encendéis	encendíais	encenderéis
3. encienden	encendían	encenderán

PRETERITE	PERFECT	PLUPERFECT
1. encendí	he encendido	había encendido
2. encendiste	has encendido	habías encendido
3. encendió	ha encendido	había encendido
1. encendimos	hemos encendido	habíamos encendido
2. encendisteis	habéis encendido	habíais encendido
3. encendieron	han encendido	habían encendido

PAST ANTERIOR	FUTURE PERFECT
hube encendido etc	habré encendido etc

CONDITIONAL / *IMPERATIVE*

PRESENT	PAST	
1. encendería	habría encendido	
2. encenderías	habrías encendido	(tú) enciende
3. encendería	habría encendido	(Vd) encienda
1. encenderíamos	habríamos encendido	(nosotros) encendamos
2. encenderíais	habríais encendido	(vosotros) encended
3. encenderían	habrían encendido	(Vds) enciendan

SUBJUNCTIVE

PRESENT	IMPERFECT	PLUPERFECT
1. encienda	encend-iera/iese	hubiera encendido
2. enciendas	encend-ieras/ieses	hubieras encendido
3. encienda	encend-iera/iese	hubiera encendido
1. encendamos	encend-iéramos/iésemos	hubiéramos encendido
2. encendáis	encend-ierais/ieseis	hubierais encendido
3. enciendan	encend-ieran/iesen	hubieran encendido

PERFECT haya encendido etc

INFINITIVE	*PARTICIPLE*
PRESENT	**PRESENT**
encender	encendiendo
PAST	**PAST**
haber encendido	encendido

ENCONTRAR to find

PRESENT	IMPERFECT	FUTURE
1. encuentro	encontraba	encontraré
2. encuentras	encontrabas	encontrarás
3. encuentra	encontraba	encontrará
1. encontramos	encontrábamos	encontraremos
2. encontráis	encontrabais	encontraréis
3. encuentran	encontraban	encontrarán

PRETERITE	PERFECT	PLUPERFECT
1. encontré	he encontrado	había encontrado
2. encontraste	has encontrado	habías encontrado
3. encontró	ha encontrado	había encontrado
1. encontramos	hemos encontrado	habíamos encontrado
2. encontrasteis	habéis encontrado	habíais encontrado
3. encontraron	han encontrado	habían encontrado

PAST ANTERIOR		FUTURE PERFECT
hube encontrado etc		habré encontrado etc

CONDITIONAL / *IMPERATIVE*

PRESENT	PAST	
1. encontraría	habría encontrado	
2. encontrarías	habrías encontrado	(tú) encuentra
3. encontraría	habría encontrado	(Vd) encuentre
1. encontraríamos	habríamos encontrado	(nosotros) encontremos
2. encontraríais	habríais encontrado	(vosotros) encontrad
3. encontrarían	habrían encontrado	(Vds) encuentren

SUBJUNCTIVE

PRESENT	IMPERFECT	PLUPERFECT
1. encuentre	encontr-ara/ase	hubiera encontrado
2. encuentres	encontr-aras/ases	hubieras encontrado
3. encuentre	encontr-ara/ase	hubiera encontrado
1. encontremos	encontr-áramos/ásemos	hubiéramos encontrado
2. encontréis	encontr-arais/aseis	hubierais encontrado
3. encuentren	encontr-aran/asen	hubieran encontrado

PERFECT haya encontrado etc

INFINITIVE	*PARTICIPLE*
PRESENT	PRESENT
encontrar	encontrando
PAST	PAST
haber encontrado	encontrado

ENFRIAR to cool (down)

PRESENT	IMPERFECT	FUTURE
1. enfrío	enfriaba	enfriaré
2. enfrías	enfriabas	enfriarás
3. enfría	enfriaba	enfriará
1. enfriamos	enfriábamos	enfriaremos
2. enfriáis	enfriabais	enfriaréis
3. enfrían	enfriaban	enfriarán

PRETERITE	PERFECT	PLUPERFECT
1. enfrié	he enfriado	había enfriado
2. enfriaste	has enfriado	habías enfriado
3. enfrió	ha enfriado	había enfriado
1. enfriamos	hemos enfriado	habíamos enfriado
2. enfriasteis	habéis enfriado	habíais enfriado
3. enfriaron	han enfriado	habían enfriado

PAST ANTERIOR
hube enfriado etc

FUTURE PERFECT
habré enfriado etc

CONDITIONAL

PRESENT	PAST	*IMPERATIVE*
1. enfriaría	habría enfriado	
2. enfriarías	habrías enfriado	(tú) enfría
3. enfriaría	habría enfriado	(Vd) enfríe
1. enfriaríamos	habríamos enfriado	(nosotros) enfriemos
2. enfriaríais	habríais enfriado	(vosotros) enfriad
3. enfriarían	habrían enfriado	(Vds) enfríen

SUBJUNCTIVE

PRESENT	IMPERFECT	PLUPERFECT
1. enfríe	enfri-ara/ase	hubiera enfriado
2. enfríes	enfri-aras/ases	hubieras enfriado
3. enfríe	enfri-ara/ase	hubiera enfriado
1. enfriemos	enfri-áramos/ásemos	hubiéramos enfriado
2. enfriéis	enfri-arais/aseis	hubierais enfriado
3. enfríen	enfri-aran/asen	hubieran enfriado

PERFECT haya enfriado etc

INFINITIVE	*PARTICIPLE*
PRESENT	**PRESENT**
enfriar	enfriando
PAST	**PAST**
haber enfriado	enfriado

ENFURECERSE to become furious

PRESENT	IMPERFECT	FUTURE
1. me enfurezco	me enfurecía	me enfureceré
2. te enfureces	te enfurecías	te enfurecerás
3. se enfurece	se enfurecía	se enfurecerá
1. nos enfurecemos	nos enfurecíamos	nos enfureceremos
2. os enfurecéis	os enfurecíais	os enfureceréis
3. se enfurecen	se enfurecían	se enfurecerán

PRETERITE	PERFECT	PLUPERFECT
1. me enfurecí	me he enfurecido	me había enfurecido
2. te enfureciste	te has enfurecido	te habías enfurecido
3. se enfureció	se ha enfurecido	se había enfurecido
1. nos enfurecimos	nos hemos enfurecido	nos habíamos enfurecido
2. os enfurecisteis	os habéis enfurecido	os habíais enfurecido
3. se enfurecieron	se han enfurecido	se habían enfurecido

PAST ANTERIOR
me hube enfurecido etc

FUTURE PERFECT
me habré enfurecido etc

CONDITIONAL

PRESENT	PAST
1. me enfurecería	me habría enfurecido
2. te enfurecerías	te habrías enfurecido
3. se enfurecería	se habría enfurecido
1. nos enfureceríamos	nos habríamos enfurecido
2. os enfureceríais	os habríais enfurecido
3. se enfurecerían	se habrían enfurecido

IMPERATIVE

(tú) enfurécete
(Vd) enfurézcase
(nosotros) enfurezcámonos
(vosotros) enfureceos
(Vds) enfurézcanse

SUBJUNCTIVE

PRESENT	IMPERFECT	PLUPERFECT
1. me enfurezca	me enfurec-iera/iese	me hubiera enfurecido
2. te enfurezcas	te enfurec-ieras/ieses	te hubieras enfurecido
3. se enfurezca	se enfurec-iera/iese	se hubiera enfurecido
1. nos enfurezcamos	nos enfurec-iéramos/iésemos	nos hubiéramos enfurecido
2. os enfurezcáis	os enfurec-ierais/ieseis	os hubierais enfurecido
3. se enfurezcan	se enfurec-ieran/iesen	se hubieran enfurecido

PERFECT me haya enfurecido etc

INFINITIVE	*PARTICIPLE*
PRESENT	**PRESENT**
enfurecerse	enfureciéndose
PAST	**PAST**
haberse enfurecido	enfurecido

PRESENT	IMPERFECT	FUTURE
1. enmudezco	enmudecía	enmudeceré
2. enmudeces	enmudecías	enmudecerás
3. enmudece	enmudecía	enmudecerá
1. enmudecemos	enmudecíamos	enmudeceremos
2. enmudecéis	enmudecíais	enmudeceréis
3. enmudecen	enmudecían	enmudecerán

PRETERITE	PERFECT	PLUPERFECT
1. enmudecí	he enmudecido	había enmudecido
2. enmudeciste	has enmudecido	habías enmudecido
3. enmudeció	ha enmudecido	había enmudecido
1. enmudecimos	hemos enmudecido	habíamos enmudecido
2. enmudecisteis	habéis enmudecido	habíais enmudecido
3. enmudecieron	han enmudecido	habían enmudecido

PAST ANTERIOR
hube enmudecido etc

FUTURE PERFECT
habré enmudecido etc

CONDITIONAL

PRESENT	PAST	*IMPERATIVE*
1. enmudecería	habría enmudecido	
2. enmudecerías	habrías enmudecido	(tú) enmudece
3. enmudecería	habría enmudecido	(Vd) enmudezca
1. enmudeceríamos	habríamos enmudecido	(nosotros) enmudezcamos
2. enmudeceríais	habríais enmudecido	(vosotros) enmudeced
3. enmudecerían	habrían enmudecido	(Vds) enmudezcan

SUBJUNCTIVE

PRESENT	IMPERFECT	PLUPERFECT
1. enmudezca	enmudec-iera/iese	hubiera enmudecido
2. enmudezcas	enmudec-ieras/ieses	hubieras enmudecido
3. enmudezca	enmudec-iera/iese	hubiera enmudecido
1. enmudezcamos	enmudec-iéramos/iésemos	hubiéramos enmudecido
2. enmudezcáis	enmudec-ierais/ieseis	hubierais enmudecido
3. enmudezcan	enmudec-ieran/iesen	hubieran enmudecido

PERFECT haya enmudecido etc

INFINITIVE	*PARTICIPLE*
PRESENT	**PRESENT**
enmudecer	enmudeciendo
PAST	**PAST**
haber enmudecido	enmudecido

PRESENT	IMPERFECT	FUTURE
1. enraízo	enraizaba	enraizaré
2. enraízas	enraizabas	enraizarás
3. enraíza	enraizaba	enraizará
1. enraizamos	enraizábamos	enraizaremos
2. enraizais	enraizabais	enraizaréis
3. enraízan	enraizaban	enraizarán

PRETERITE	PERFECT	PLUPERFECT
1. enraicé	he enraizado	había enraizado
2. enraizaste	has enraizado	habías enraizado
3. enraizó	ha enraizado	había enraizado
1. enraizamos	hemos enraizado	habíamos enraizado
2. enraizasteis	habéis enraizado	habíais enraizado
3. enraizaron	han enraizado	habían enraizado

PAST ANTERIOR
hube enraizado etc

FUTURE PERFECT
habré enraizado etc

CONDITIONAL

PRESENT	PAST
1. enraizaría	habría enraizado
2. enraizarías	habrías enraizado
3. enraizaría	habría enraizado
1. enraizaríamos	habríamos enraizado
2. enraizaríais	habríais enraizado
3. enraizarían	habrían enraizado

IMPERATIVE

(tú) enraíza
(Vd) enraíce
(nosotros) enraicemos
(vosotros) enraizad
(Vds) enraícen

SUBJUNCTIVE

PRESENT	IMPERFECT	PLUPERFECT
1. enraíce	enraiz-ara/ase	hubiera enraizado
2. enraíces	enraiz-aras/ases	hubieras enraizado
3. enraíce	enraiz-ara/ase	hubiera enraizado
1. enraicemos	enraiz-áramos/ásemos	hubiéramos enraizado
2. enraicéis	enraiz-arais/aseis	hubierais enraizado
3. enraícen	enraiz-aran/asen	hubieran enraizado

PERFECT haya enraizado etc

INFINITIVE	*PARTICIPLE*
PRESENT	**PRESENT**
enraizar	enraizando
PAST	**PAST**
haber enraizado	enraizado

PRESENT	IMPERFECT	FUTURE
1. entiendo	entendía	entenderé
2. entiendes	entendías	entenderás
3. entiende	entendía	entenderá
1. entendemos	entendíamos	entenderemos
2. entendéis	entendíais	entenderéis
3. entienden	entendían	entenderán

PRETERITE	PERFECT	PLUPERFECT
1. entendí	he entendido	había entendido
2. entendiste	has entendido	habías entendido
3. entendió	ha entendido	había entendido
1. entendimos	hemos entendido	habíamos entendido
2. entendisteis	habéis entendido	habíais entendido
3. entendieron	han entendido	habían entendido

PAST ANTERIOR
hube entendido etc

FUTURE PERFECT
habré entendido etc

CONDITIONAL

PRESENT	PAST	*IMPERATIVE*
1. entendería	habría entendido	
2. entenderías	habrías entendido	(tú) entiende
3. entendería	habría entendido	(Vd) entienda
1. entenderíamos	habríamos entendido	(nosotros) entendamos
2. entenderíais	habríais entendido	(vosotros) entended
3. entenderían	habrían entendido	(Vds) entiendan

SUBJUNCTIVE

PRESENT	IMPERFECT	PLUPERFECT
1. entienda	entend-iera/iese	hubiera entendido
2. entiendas	entend-ieras/ieses	hubieras entendido
3. entienda	entend-iera/iese	hubiera entendido
1. entendamos	entend-iéramos/iésemos	hubiéramos entendido
2. entendáis	entend-ierais/ieseis	hubierais entendido
3. entiendan	entend-ieran/iesen	hubieran entendido

PERFECT haya entendido etc

INFINITIVE	*PARTICIPLE*
PRESENT	**PRESENT**
entender	entendiendo
PAST	**PAST**
haber entendido	entendido

ENTRAR to come in, to enter

PRESENT	IMPERFECT	FUTURE
1. entro	entraba	entraré
2. entras	entrabas	entrarás
3. entra	entraba	entrará
1. entramos	entrábamos	entraremos
2. entráis	entrabais	entraréis
3. entran	entraban	entrarán

PRETERITE	PERFECT	PLUPERFECT
1. entré	he entrado	había entrado
2. entraste	has entrado	habías entrado
3. entró	ha entrado	había entrado
1. entramos	hemos entrado	habíamos entrado
2. entrasteis	habéis entrado	habíais entrado
3. entraron	han entrado	habían entrado

PAST ANTERIOR
hube entrado etc

FUTURE PERFECT
habré entrado etc

CONDITIONAL

PRESENT	PAST
1. entraría	habría entrado
2. entrarías	habrías entrado
3. entraría	habría entrado
1. entraríamos	habríamos entrado
2. entraríais	habríais entrado
3. entrarían	habrían entrado

IMPERATIVE

(tú) entra
(Vd) entre
(nosotros) entremos
(vosotros) entrad
(Vds) entren

SUBJUNCTIVE

PRESENT	IMPERFECT	PLUPERFECT
1. entre	entr-ara/ase	hubiera entrado
2. entres	entr-aras/ases	hubieras entrado
3. entre	entr-ara/ase	hubiera entrado
1. entremos	entr-áramos/ásemos	hubiéramos entrado
2. entréis	entr-arais/aseis	hubierais entrado
3. entren	entr-aran/asen	hubieran entrado

PERFECT haya entrado etc

INFINITIVE	*PARTICIPLE*
PRESENT	**PRESENT**
entrar	entrando
PAST	**PAST**
haber entrado	entrado

PRESENT	IMPERFECT	FUTURE
1. envío	enviaba	enviaré
2. envías	enviabas	enviarás
3. envía	enviaba	enviará
1. enviamos	enviábamos	enviaremos
2. enviáis	enviabais	enviaréis
3. envían	enviaban	enviarán

PRETERITE	PERFECT	PLUPERFECT
1. envié	he enviado	había enviado
2. enviaste	has enviado	habías enviado
3. envió	ha enviado	había enviado
1. enviamos	hemos enviado	habíamos enviado
2. enviasteis	habéis enviado	habíais enviado
3. enviaron	han enviado	habían enviado

PAST ANTERIOR
hube enviado etc

FUTURE PERFECT
habré enviado etc

CONDITIONAL

PRESENT	PAST
1. enviaría	habría enviado
2. enviarías	habrías enviado
3. enviaría	habría enviado
1. enviaríamos	habríamos enviado
2. enviaríais	habríais enviado
3. enviarían	habrían enviado

IMPERATIVE

(tú) envía
(Vd) envíe
(nosotros) enviemos
(vosotros) enviad
(Vds) envíen

SUBJUNCTIVE

PRESENT	IMPERFECT	PLUPERFECT
1. envíe	envi-ara/ase	hubiera enviado
2. envíes	envi-aras/ases	hubieras enviado
3. envíe	envi-ara/ase	hubiera enviado
1. enviemos	envi-áramos/ásemos	hubiéramos enviado
2. enviéis	envi-arais/aseis	hubierais enviado
3. envíen	envi-aran/asen	hubieran enviado

PERFECT haya enviado etc

INFINITIVE	*PARTICIPLE*
PRESENT	**PRESENT**
enviar	enviando
PAST	**PAST**
haber enviado	enviado

EQUIVOCARSE to make a mistake

PRESENT	IMPERFECT	FUTURE
1. me equivoco	me equivocaba	me equivocaré
2. te equivocas	te equivocabas	te equivocarás
3. se equivoca	se equivocaba	se equivocará
1. nos equivocamos	nos equivocábamos	nos equivocaremos
2. os equivocáis	os equivocabais	os equivocaréis
3. se equivocan	se equivocaban	se equivocarán

PRETERITE	PERFECT	PLUPERFECT
1. me equivoqué	me he equivocado	me había equivocado
2. te equivocaste	te has equivocado	te habías equivocado
3. se equivocó	se ha equivocado	se había equivocado
1. nos equivocamos	nos hemos equivocado	nos habíamos equivocado
2. os equivocasteis	os habéis equivocado	os habíais equivocado
3. se equivocaron	se han equivocado	se habían equivocado

PAST ANTERIOR
me hube equivocado etc

FUTURE PERFECT
me habré equivocado etc

CONDITIONAL

PRESENT	PAST	*IMPERATIVE*
1. me equivocaría	me habría equivocado	
2. te equivocarías	te habrías equivocado	(tú) equivócate
3. se equivocaría	se habría equivocado	(Vd) equivóquese
1. nos equivocaríamos	nos habríamos equivocado	(nosotros) equivoquémonos
2. os equivocaríais	os habríais equivocado	(vosotros) equivocaos
3. se equivocarían	se habrían equivocado	(Vds) equivóquense

SUBJUNCTIVE

PRESENT	IMPERFECT	PLUPERFECT
1. me equivoque	me equivoc-ara/ase	me hubiera equivocado
2. te equivoques	te equivoc-aras/ases	te hubieras equivocado
3. se equivoque	se equivoc-ara/ase	se hubiera equivocado
1. nos equivoquemos	nos equivoc-áramos/ásemos	nos hubiéramos equivocado
2. os equivoquéis	os equivoc-arais/aseis	os hubierais equivocado
3. se equivoquen	se equivoc-aran/asen	se hubieran equivocado

PERFECT me haya equivocado etc

INFINITIVE	*PARTICIPLE*
PRESENT	**PRESENT**
equivocarse	equivocándose
PAST	**PAST**
haberse equivocado	equivocado

PRESENT	IMPERFECT	FUTURE
1. yergo/irgo	erguía	erguiré
2. yergues/irgues	erguías	erguirás
3. yergue/irgue	erguía	erguirá
1. erguimos	erguíamos	erguiremos
2. erguís	erguíais	erguiréis
3. yerguen/irguen	erguían	erguirán

PRETERITE	PERFECT	PLUPERFECT
1. erguí	he erguido	había erguido
2. erguiste	has erguido	habías erguido
3. irguió	ha erguido	había erguido
1. erguimos	hemos erguido	habíamos erguido
2. erguisteis	habéis erguido	habíais erguido
3. irguieron	han erguido	habían erguido

PAST ANTERIOR
hube erguido etc

FUTURE PERFECT
habré erguido etc

CONDITIONAL

PRESENT	PAST	*IMPERATIVE*
1. erguiría	habría erguido	
2. erguirías	habrías erguido	(tú) yergue/irgue
3. erguiría	habría erguido	(Vd) yerga/irga
1. erguiríamos	habríamos erguido	(nosotros) yergamos/irgamos
2. erguiríais	habríais erguido	(vosotros) erguid
3. erguirían	habrían erguido	(Vds) yergan/irgan

SUBJUNCTIVE

PRESENT	IMPERFECT	PLUPERFECT
1. yerga/irga	irgu-iera/iese	hubiera erguido
2. yergas/irgas	irgu-ieras/ieses	hubieras erguido
3. yerga/irga	irgu-iera/iese	hubiera erguido
1. yergamos/irgamos	irgu-iéramos/iésemos	hubiéramos erguido
2. yergáis/irgáis	irgu-ierais/ieseis	hubierais erguido
3. yergan/irgan	irgu-ieran/iesen	hubieran erguido

PERFECT haya erguido etc

INFINITIVE
PRESENT
erguir
PAST
haber erguido

PARTICIPLE
PRESENT
irguiendo
PAST
erguido

NOTE
The "yer-" forms are more common than the "ir-" forms.

PRESENT	IMPERFECT	FUTURE
1. yerro	erraba	erraré
2. yerras	errabas	errarás
3. yerra	erraba	errará
1. erramos	errábamos	erraremos
2. erráis	errabais	erraréis
3. yerran	erraban	errarán

PRETERITE	PERFECT	PLUPERFECT
1. erré	he errado	había errado
2. erraste	has errado	habías errado
3. erró	ha errado	había errado
1. erramos	hemos errado	habíamos errado
2. errasteis	habéis errado	habíais errado
3. erraron	han errado	habían errado

PAST ANTERIOR
hube errado etc

FUTURE PERFECT
habré errado etc

CONDITIONAL

PRESENT	PAST	*IMPERATIVE*
1. erraría	habría errado	
2. errarías	habrías errado	(tú) yerra
3. erraría	habría errado	(Vd) yerre
1. erraríamos	habríamos errado	(nosotros) erremos
2. erraríais	habríais errado	(vosotros) errad
3. errarían	habrían errado	(Vds) yerren

SUBJUNCTIVE

PRESENT	IMPERFECT	PLUPERFECT
1. yerre	err-ara/ase	hubiera errado
2. yerres	err-aras/ases	hubieras errado
3. yerre	err-ara/ase	hubiera errado
1. erremos	err-áramos/ásemos	hubiéramos errado
2. erréis	err-arais/aseis	hubierais errado
3. yerren	err-aran/asen	hubieran errado

PERFECT haya errado etc

INFINITIVE	*PARTICIPLE*
PRESENT	**PRESENT**
errar	errando
PAST	**PAST**
haber errado	errado

PRESENT	IMPERFECT	FUTURE
1. escribo	escribía	escribiré
2. escribes	escribías	escribirás
3. escribe	escribía	escribirá
1. escribimos	escribíamos	escribiremos
2. escribís	escribíais	escribiréis
3. escriben	escribían	escribirán
PRETERITE	**PERFECT**	**PLUPERFECT**
1. escribí	he escrito	había escrito
2. escribiste	has escrito	habías escrito
3. escribió	ha escrito	había escrito
1. escribimos	hemos escrito	habíamos escrito
2. escribisteis	habéis escrito	habíais escrito
3. escribieron	han escrito	habían escrito
PAST ANTERIOR		**FUTURE PERFECT**
hube escrito etc		habré escrito etc

CONDITIONAL		*IMPERATIVE*
PRESENT	**PAST**	
1. escribiría	habría escrito	
2. escribirías	habrías escrito	(tú) escribe
3. escribiría	habría escrito	(Vd) escriba
1. escribiríamos	habríamos escrito	(nosotros) escribamos
2. escribiríais	habríais escrito	(vosotros) escribid
3. escribirían	habrían escrito	(Vds) escriban

SUBJUNCTIVE		
PRESENT	**IMPERFECT**	**PLUPERFECT**
1. escriba	escrib-iera/iese	hubiera escrito
2. escribas	escrib-ieras/ieses	hubieras escrito
3. escriba	escrib-iera/iese	hubiera escrito
1. escribamos	escrib-iéramos/iésemos	hubiéramos escrito
2. escribáis	escrib-ierais/ieseis	hubierais escrito
3. escriban	escrib-ieran/iesen	hubieran escrito

PERFECT haya escrito etc

INFINITIVE	*PARTICIPLE*
PRESENT	**PRESENT**
escribir	escribiendo
PAST	**PAST**
haber escrito	escrito

ESFORZARSE to make an effort

PRESENT	IMPERFECT	FUTURE
1. me esfuerzo	me esforzaba	me esforzaré
2. te esfuerzas	te esforzabas	te esforzarás
3. se esfuerza	se esforzaba	se esforzará
1. nos esforzamos	nos esforzábamos	nos esforzaremos
2. os esforzáis	os esforzabais	os esforzaréis
3. se esfuerzan	se esforzaban	se esforzarán

PRETERITE	PERFECT	PLUPERFECT
1. me esforcé	me he esforzado	me había esforzado
2. te esforzaste	te has esforzado	te habías esforzado
3. se esforzó	se ha esforzado	se había esforzado
1. nos esforzamos	nos hemos esforzado	nos habíamos esforzado
2. os esforzasteis	os habéis esforzado	os habíais esforzado
3. se esforzaron	se han esforzado	se habían esforzado

PAST ANTERIOR
me hube esforzado etc

FUTURE PERFECT
me habré esforzado etc

CONDITIONAL

PRESENT	PAST	*IMPERATIVE*
1. me esforzaría	me habría esforzado	
2. te esforzarías	te habrías esforzado	(tú) esfuérzate
3. se esforzaría	se habría esforzado	(Vd) esfuércese
1. nos esforzaríamos	nos habríamos esforzado	(nosotros) esforcémonos
2. os esforzaríais	os habríais esforzado	(vosotros) esforzaos
3. se esforzarían	se habrían esforzado	(Vds) esfuércense

SUBJUNCTIVE

PRESENT	IMPERFECT	PLUPERFECT
1. me esfuerce	me esforz-ara/ase	me hubiera esforzado
2. te esfuerces	te esforz-aras/ases	te hubieras esforzado
3. se esfuerce	se esforz-ara/ase	se hubiera esforzado
1. nos esforcemos	nos esforz-áramos/ásemos	nos hubiéramos esforzado
2. os esforcéis	os esforz-arais/aseis	os hubierais esforzado
3. se esfuercen	se esforz-aran/asen	se hubieran esforzado

PERFECT me haya esforzado etc

INFINITIVE	*PARTICIPLE*
PRESENT	**PRESENT**
esforzarse	esforzándose
PAST	**PAST**
haberse esforzado	esforzado

ESPERAR to wait, to hope

PRESENT	IMPERFECT	FUTURE
1. espero	esperaba	esperaré
2. esperas	esperabas	esperarás
3. espera	esperaba	esperará
1. esperamos	esperábamos	esperaremos
2. esperáis	esperabais	esperaréis
3. esperan	esperaban	esperarán

PRETERITE	PERFECT	PLUPERFECT
1. esperé	he esperado	había esperado
2. esperaste	has esperado	habías esperado
3. esperó	ha esperado	había esperado
1. esperamos	hemos esperado	habíamos esperado
2. esperasteis	habéis esperado	habíais esperado
3. esperaron	han esperado	habían esperado

PAST ANTERIOR	FUTURE PERFECT
hube esperado etc	habré esperado etc

CONDITIONAL / *IMPERATIVE*

PRESENT	PAST	
1. esperaría	habría esperado	
2. esperarías	habrías esperado	(tú) espera
3. esperaría	habría esperado	(Vd) espere
1. esperaríamos	habríamos esperado	(nosotros) esperemos
2. esperaríais	habríais esperado	(vosotros) esperad
3. esperarían	habrían esperado	(Vds) esperen

SUBJUNCTIVE

PRESENT	IMPERFECT	PLUPERFECT
1. espere	esper-ara/ase	hubiera esperado
2. esperes	esper-aras/ases	hubieras esperado
3. espere	esper-ara/ase	hubiera esperado
1. esperemos	esper-áramos/ásemos	hubiéramos esperado
2. esperéis	esper-arais/aseis	hubierais esperado
3. esperen	esper-aran/asen	hubieran esperado

PERFECT haya esperado etc

INFINITIVE	*PARTICIPLE*
PRESENT	**PRESENT**
esperar	esperando
PAST	**PAST**
haber esperado	esperado

PRESENT	IMPERFECT	FUTURE
1. estoy	estaba	estaré
2. estás	estabas	estarás
3. está	estaba	estará
1. estamos	estábamos	estaremos
2. estáis	estabais	estaréis
3. están	estaban	estarán

PRETERITE	PERFECT	PLUPERFECT
1. estuve	he estado	había estado
2. estuviste	has estado	habías estado
3. estuvo	ha estado	había estado
1. estuvimos	hemos estado	habíamos estado
2. estuvisteis	habéis estado	habíais estado
3. estuvieron	han estado	habían estado

PAST ANTERIOR
hube estado etc

FUTURE PERFECT
habré estado etc

CONDITIONAL

PRESENT	PAST	*IMPERATIVE*
1. estaría	habría estado	
2. estarías	habrías estado	(tú) está
3. estaría	habría estado	(Vd) esté
1. estaríamos	habríamos estado	(nosotros) estemos
2. estaríais	habríais estado	(vosotros) estad
3. estarían	habrían estado	(Vds) estén

SUBJUNCTIVE

PRESENT	IMPERFECT	PLUPERFECT
1. esté	estuv-iera/iese	hubiera estado
2. estés	estuv-ieras/ieses	hubieras estado
3. esté	estuv-iera/iese	hubiera estado
1. estemos	estuv-iéramos/iésemos	hubiéramos estado
2. estéis	estuv-ierais/ieseis	hubierais estado
3. estén	estuv-ieran/iesen	hubieran estado

PERFECT haya estado etc

INFINITIVE	*PARTICIPLE*
PRESENT	**PRESENT**
estar	estando
PAST	**PAST**
haber estado	estado

PRESENT	IMPERFECT	FUTURE
1. evacuo	evacuaba	evacuaré
2. evacuas	evacuabas	evacuarás
3. evacua	evacuaba	evacuará
1. evacuamos	evacuábamos	evacuaremos
2. evacuáis	evacuabais	evacuaréis
3. evacuan	evacuaban	evacuarán

PRETERITE	PERFECT	PLUPERFECT
1. evacué	he evacuado	había evacuado
2. evacuaste	has evacuado	habías evacuado
3. evacuó	ha evacuado	había evacuado
1. evacuamos	hemos evacuado	habíamos evacuado
2. evacuasteis	habéis evacuado	habíais evacuado
3. evacuaron	han evacuado	habían evacuado

PAST ANTERIOR		FUTURE PERFECT
hube evacuado etc		habré evacuado etc

CONDITIONAL / *IMPERATIVE*

PRESENT	PAST	
1. evacuaría	habría evacuado	
2. evacuarías	habrías evacuado	(tú) evacua
3. evacuaría	habría evacuado	(Vd) evacue
1. evacuaríamos	habríamos evacuado	(nosotros) evacuemos
2. evacuaríais	habríais evacuado	(vosotros) evacuad
3. evacuarían	habrían evacuado	(Vds) evacuen

SUBJUNCTIVE

PRESENT	IMPERFECT	PLUPERFECT
1. evacue	evacu-ara/ase	hubiera evacuado
2. evacues	evacu-aras/ases	hubieras evacuado
3. evacue	evacu-ara/ase	hubiera evacuado
1. evacuemos	evacu-áramos/ásemos	hubiéramos evacuado
2. evacuéis	evacu-arais/aseis	hubierais evacuado
3. evacuen	evacu-aran/asen	hubieran evacuado

PERFECT haya evacuado etc

INFINITIVE	*PARTICIPLE*
PRESENT	**PRESENT**
evacuar	evacuando
PAST	**PAST**
haber evacuado	evacuado

PRESENT	IMPERFECT	FUTURE
1. exijo	exigía	exigiré
2. exiges	exigías	exigirás
3. exige	exigía	exigirá
1. exigimos	exigíamos	exigiremos
2. exigís	exigíais	exigiréis
3. exigen	exigían	exigirán

PRETERITE	PERFECT	PLUPERFECT
1. exigí	he exigido	había exigido
2. exigiste	has exigido	habías exigido
3. exigió	ha exigido	había exigido
1. exigimos	hemos exigido	habíamos exigido
2. exigisteis	habéis exigido	habíais exigido
3. exigieron	han exigido	habían exigido

PAST ANTERIOR		FUTURE PERFECT
hube exigido etc		habré exigido etc

CONDITIONAL		*IMPERATIVE*
PRESENT	**PAST**	
1. exigiría	habría exigido	
2. exigirías	habrías exigido	(tú) exige
3. exigiría	habría exigido	(Vd) exija
1. exigiríamos	habríamos exigido	(nosotros) exijamos
2. exigiríais	habríais exigido	(vosotros) exigid
3. exigirían	habrían exigido	(Vds) exijan

SUBJUNCTIVE

PRESENT	IMPERFECT	PLUPERFECT
1. exija	exig-iera/iese	hubiera exigido
2. exijas	exig-ieras/ieses	hubieras exigido
3. exija	exig-iera/iese	hubiera exigido
1. exijamos	exig-iéramos/iésemos	hubiéramos exigido
2. exijáis	exig-ierais/ieseis	hubierais exigido
3. exijan	exig-ieran/iesen	hubieran exigido

PERFECT haya exigido etc

INFINITIVE	*PARTICIPLE*
PRESENT	**PRESENT**
exigir	exigiendo
PAST	**PAST**
haber exigido	exigido

EXPLICAR to explain

PRESENT	IMPERFECT	FUTURE
1. explico	explicaba	explicaré
2. explicas	explicabas	explicarás
3. explica	explicaba	explicará
1. explicamos	explicábamos	explicaremos
2. explicáis	explicabais	explicaréis
3. explican	explicaban	explicarán
PRETERITE	**PERFECT**	**PLUPERFECT**
1. expliqué	he explicado	había explicado
2. explicaste	has explicado	habías explicado
3. explicó	ha explicado	había explicado
1. explicamos	hemos explicado	habíamos explicado
2. explicasteis	habéis explicado	habíais explicado
3. explicaron	han explicado	habían explicado
PAST ANTERIOR		**FUTURE PERFECT**
hube explicado etc		habré explicado etc

CONDITIONAL		*IMPERATIVE*
PRESENT	**PAST**	
1. explicaría	habría explicado	
2. explicarías	habrías explicado	(tú) explica
3. explicaría	habría explicado	(Vd) explique
1. explicaríamos	habríamos explicado	(nosotros) expliquemos
2. explicaríais	habríais explicado	(vosotros) explicad
3. explicarían	habrían explicado	(Vds) expliquen

SUBJUNCTIVE

PRESENT	IMPERFECT	PLUPERFECT
1. explique	explic-ara/ase	hubiera explicado
2. expliques	explic-aras/ases	hubieras explicado
3. explique	explic-ara/ase	hubiera explicado
1. expliquemos	explic-áramos/ásemos	hubiéramos explicado
2. expliquéis	explic-arais/aseis	hubierais explicado
3. expliquen	explic-aran/asen	hubieran explicado

PERFECT haya explicado etc

INFINITIVE	*PARTICIPLE*
PRESENT	**PRESENT**
explicar	explicando
PAST	**PAST**
haber explicado	explicado

FREGAR to scrub, to do the washing up

PRESENT	IMPERFECT	FUTURE
1. friego	fregaba	fregaré
2. friegas	fregabas	fregarás
3. friega	fregaba	fregará
1. fregamos	fregábamos	fregaremos
2. fregáis	fregabais	fregaréis
3. friegan	fregaban	fregarán

PRETERITE	PERFECT	PLUPERFECT
1. fregué	he fregado	había fregado
2. fregaste	has fregado	habías fregado
3. fregó	ha fregado	había fregado
1. fregamos	hemos fregado	habíamos fregado
2. fregasteis	habéis fregado	habíais fregado
3. fregaron	han fregado	habían fregado

PAST ANTERIOR
hube fregado etc

FUTURE PERFECT
habré fregado etc

CONDITIONAL

PRESENT	PAST
1. fregaría	habría fregado
2. fregarías	habrías fregado
3. fregaría	habría fregado
1. fregaríamos	habríamos fregado
2. fregaríais	habríais fregado
3. fregarían	habrían fregado

IMPERATIVE

(tú) friega
(Vd) friegue
(nosotros) freguemos
(vosotros) fregad
(Vds) frieguen

SUBJUNCTIVE

PRESENT	IMPERFECT	PLUPERFECT
1. friegue	freg-ara/ase	hubiera fregado
2. friegues	freg-aras/ases	hubieras fregado
3. friegue	freg-ara/ase	hubiera fregado
1. freguemos	freg-áramos/ásemos	hubiéramos fregado
2. freguéis	freg-arais/aseis	hubierais fregado
3. frieguen	freg-aran/asen	hubieran fregado

PERFECT haya fregado etc

INFINITIVE	*PARTICIPLE*
PRESENT	**PRESENT**
fregar	fregando
PAST	**PAST**
haber fregado	fregado

FREÍR to fry 107

PRESENT	IMPERFECT	FUTURE
1. frío	freía	freiré
2. fríes	freías	freirás
3. fríe	freía	freirá
1. freímos	freíamos	freiremos
2. freís	freíais	freiréis
3. fríen	freían	freirán

PRETERITE	PERFECT	PLUPERFECT
1. freí	he frito	había frito
2. freíste	has frito	habías frito
3. frió	ha frito	había frito
1. freímos	hemos frito	habíamos frito
2. freísteis	habéis frito	habíais frito
3. frieron	han frito	habían frito

PAST ANTERIOR		FUTURE PERFECT
hube frito etc		habré frito etc

CONDITIONAL / *IMPERATIVE*

PRESENT	PAST	
1. freiría	habría frito	
2. freirías	habrías frito	(tú) fríe
3. freiría	habría frito	(Vd) fría
1. freiríamos	habríamos frito	(nosotros) friamos
2. freiríais	habríais frito	(vosotros) freíd
3. freirían	habrían frito	(Vds) frían

SUBJUNCTIVE

PRESENT	IMPERFECT	PLUPERFECT
1. fría	fr-iera/iese	hubiera frito
2. frías	fr-ieras/ieses	hubieras frito
3. fría	fr-iera/iese	hubiera frito
1. friamos	fr-iéramos/iésemos	hubiéramos frito
2. friáis	fr-ierais/ieseis	hubierais frito
3. frían	fr-ieran/iesen	hubieran frito

PERFECT haya frito etc

INFINITIVE	*PARTICIPLE*
PRESENT	**PRESENT**
freír	friendo
PAST	**PAST**
haber frito	frito

GEMIR to groan, to whine

PRESENT	IMPERFECT	FUTURE
1. gimo	gemía	gemiré
2. gimes	gemías	gemirás
3. gime	gemía	gemirá
1. gemimos	gemíamos	gemiremos
2. gemís	gemíais	gemiréis
3. gimen	gemían	gemirán

PRETERITE	PERFECT	PLUPERFECT
1. gemí	he gemido	había gemido
2. gemiste	has gemido	habías gemido
3. gimió	ha gemido	había gemido
1. gemimos	hemos gemido	habíamos gemido
2. gemisteis	habéis gemido	habíais gemido
3. gimieron	han gemido	habían gemido

PAST ANTERIOR
hube gemido etc

FUTURE PERFECT
habré gemido etc

CONDITIONAL

PRESENT	PAST	*IMPERATIVE*
1. gemiría	habría gemido	
2. gemirías	habrías gemido	(tú) gime
3. gemiría	habría gemido	(Vd) gima
1. gemiríamos	habríamos gemido	(nosotros) gimamos
2. gemiríais	habríais gemido	(vosotros) gemid
3. gemirían	habrían gemido	(Vds) giman

SUBJUNCTIVE

PRESENT	IMPERFECT	PLUPERFECT
1. gima	gim-iera/iese	hubiera gemido
2. gimas	gim-ieras/ieses	hubieras gemido
3. gima	gim-iera/iese	hubiera gemido
1. gimamos	gim-iéramos/iésemos	hubiéramos gemido
2. gimáis	gim-ierais/ieseis	hubierais gemido
3. giman	gim-ieran/iesen	hubieran gemido

PERFECT haya gemido etc

INFINITIVE	*PARTICIPLE*
PRESENT	**PRESENT**
gemir	gimiendo
PAST	**PAST**
haber gemido	gemido

GRUÑIR to grunt

PRESENT	IMPERFECT	FUTURE
1. gruño	gruñía	gruñiré
2. gruñes	gruñías	gruñirás
3. gruñe	gruñía	gruñirá
1. gruñimos	gruñíamos	gruñiremos
2. gruñís	gruñíais	gruñiréis
3. gruñen	gruñían	gruñirán
PRETERITE	**PERFECT**	**PLUPERFECT**
1. gruñí	he gruñido	había gruñido
2. gruñiste	has gruñido	habías gruñido
3. gruñó	ha gruñido	había gruñido
1. gruñimos	hemos gruñido	habíamos gruñido
2. gruñisteis	habéis gruñido	habíais gruñido
3. gruñeron	han gruñido	habían gruñido
PAST ANTERIOR		**FUTURE PERFECT**
hube gruñido etc		habré gruñido etc

CONDITIONAL		*IMPERATIVE*
PRESENT	**PAST**	
1. gruñiría	habría gruñido	
2. gruñirías	habrías gruñido	(tú) gruñe
3. gruñiría	habría gruñido	(Vd) gruña
1. gruñiríamos	habríamos gruñido	(nosotros) gruñamos
2. gruñiríais	habríais gruñido	(vosotros) gruñid
3. gruñirían	habrían gruñido	(Vds) gruñan

SUBJUNCTIVE		
PRESENT	**IMPERFECT**	**PLUPERFECT**
1. gruña	gruñ-era/ese	hubiera gruñido
2. gruñas	gruñ-eras/eses	hubieras gruñido
3. gruña	gruñ-era/ese	hubiera gruñido
1. gruñamos	gruñ-éramos/ésemos	hubiéramos gruñido
2. gruñáis	gruñ-erais/eseis	hubierais gruñido
3. gruñan	gruñ-eran/esen	hubieran gruñido

PERFECT haya gruñido etc

INFINITIVE	*PARTICIPLE*
PRESENT	**PRESENT**
gruñir	gruñendo
PAST	**PAST**
haber gruñido	gruñido

PRESENT	IMPERFECT	FUTURE
1. gusto	gustaba	gustaré
2. gustas	gustabas	gustarás
3. gusta	gustaba	gustará
1. gustamos	gustábamos	gustaremos
2. gustáis	gustabais	gustaréis
3. gustan	gustaban	gustarán
PRETERITE	**PERFECT**	**PLUPERFECT**
1. gusté	he gustado	había gustado
2. gustaste	has gustado	habías gustado
3. gustó	ha gustado	había gustado
1. gustamos	hemos gustado	habíamos gustado
2. gustasteis	habéis gustado	habíais gustado
3. gustaron	han gustado	habían gustado
PAST ANTERIOR		**FUTURE PERFECT**
hube gustado etc		habré gustado etc

CONDITIONAL / *IMPERATIVE*

PRESENT	PAST	
1. gustaría	habría gustado	
2. gustarías	habrías gustado	(tú) gusta
3. gustaría	habría gustado	(Vd) guste
1. gustaríamos	habríamos gustado	(nosotros) gustemos
2. gustaríais	habríais gustado	(vosotros) gustad
3. gustarían	habrían gustado	(Vds) gusten

SUBJUNCTIVE

PRESENT	IMPERFECT	PLUPERFECT
1. guste	gust-ara/ase	hubiera gustado
2. gustes	gust-aras/ases	hubieras gustado
3. guste	gust-ara/ase	hubiera gustado
1. gustemos	gust-áramos/ásemos	hubiéramos gustado
2. gustéis	gust-arais/aseis	hubierais gustado
3. gusten	gust-aran/asen	hubieran gustado

PERFECT haya gustado etc

INFINITIVE	*PARTICIPLE*	*NOTE*
PRESENT	**PRESENT**	Normally used only in third person;
gustar	gustando	I like = me gusta
PAST	**PAST**	
haber gustado	gustado	

PRESENT	IMPERFECT	FUTURE
1. he	había	habré
2. has	habías	habrás
3. ha/hay*	había	habrá
1. hemos	habíamos	habremos
2. habéis	habíais	habréis
3. han	habían	habrán

PRETERITE	PERFECT	PLUPERFECT
1. hube		
2. hubiste		
3. hubo	ha habido	había habido
1. hubimos		
2. hubisteis		
3. hubieron		

PAST ANTERIOR	FUTURE PERFECT
hubo habido etc	habrá habido etc

CONDITIONAL

PRESENT	PAST
1. habría	
2. habrías	
3. habría	habría habido
1. habríamos	
2. habríais	
3. habrían	

IMPERATIVE

SUBJUNCTIVE

PRESENT	IMPERFECT	PLUPERFECT
1. haya	hub-iera/iese	
2. hayas	hub-ieras/ieses	
3. haya	hub-iera/iese	hubiera habido
1. hayamos	hub-iéramos/iésemos	
2. hayáis	hub-ierais/ieseis	
3. hayan	hub-ieran/iesen	

PERFECT haya habido etc

INFINITIVE	*PARTICIPLE*
PRESENT	**PRESENT**
haber	habiendo
PAST	**PAST**
haber habido	habido

NOTE

This verb is an auxiliary used for compound tenses (eg he bebido – I have drunk)

*'hay' means 'there is/are'.

112 HABLAR to speak

PRESENT	IMPERFECT	FUTURE
1. hablo	hablaba	hablaré
2. hablas	hablabas	hablarás
3. habla	hablaba	hablará
1. hablamos	hablábamos	hablaremos
2. habláis	hablabais	hablaréis
3. hablan	hablaban	hablarán

PRETERITE	PERFECT	PLUPERFECT
1. hablé	he hablado	había hablado
2. hablaste	has hablado	habías hablado
3. habló	ha hablado	había hablado
1. hablamos	hemos hablado	habíamos hablado
2. hablasteis	habéis hablado	habíais hablado
3. hablaron	han hablado	habían hablado

PAST ANTERIOR		FUTURE PERFECT
hube hablado etc		habré hablado etc

CONDITIONAL		*IMPERATIVE*
PRESENT	PAST	
1. hablaría	habría hablado	
2. hablarías	habrías hablado	(tú) habla
3. hablaría	habría hablado	(Vd) hable
1. hablaríamos	habríamos hablado	(nosotros) hablemos
2. hablaríais	habríais hablado	(vosotros) hablad
3. hablarían	habrían hablado	(Vds) hablen

SUBJUNCTIVE

PRESENT	IMPERFECT	PLUPERFECT
1. hable	habl-ara/ase	hubiera hablado
2. hables	habl-aras/ases	hubieras hablado
3. hable	habl-ara/ase	hubiera hablado
1. hablemos	habl-áramos/ásemos	hubiéramos hablado
2. habléis	habl-arais/aseis	hubierais hablado
3. hablen	habl-aran/asen	hubieran hablado

PERFECT haya hablado etc

INFINITIVE	*PARTICIPLE*
PRESENT	PRESENT
hablar	hablando
PAST	PAST
haber hablado	hablado

PRESENT	IMPERFECT	FUTURE
1. hago	hacía	haré
2. haces	hacías	harás
3. hace	hacía	hará
1. hacemos	hacíamos	haremos
2. hacéis	hacíais	haréis
3. hacen	hacían	harán

PRETERITE	PERFECT	PLUPERFECT
1. hice	he hecho	había hecho
2. hiciste	has hecho	habías hecho
3. hizo	ha hecho	había hecho
1. hicimos	hemos hecho	habíamos hecho
2. hicisteis	habéis hecho	habíais hecho
3. hicieron	han hecho	habían hecho

PAST ANTERIOR		FUTURE PERFECT
hube hecho etc		habré hecho etc

CONDITIONAL / *IMPERATIVE*

PRESENT	PAST	
1. haría	habría hecho	
2. harías	habrías hecho	(tú) haz
3. haría	habría hecho	(Vd) haga
1. haríamos	habríamos hecho	(nosotros) hagamos
2. haríais	habríais hecho	(vosotros) haced
3. harían	habrían hecho	(Vds) hagan

SUBJUNCTIVE

PRESENT	IMPERFECT	PLUPERFECT
1. haga	hic-iera/iese	hubiera hecho
2. hagas	hic-ieras/ieses	hubieras hecho
3. haga	hic-iera/iese	hubiera hecho
1. hagamos	hic-iéramos/iésemos	hubiéramos hecho
2. hagáis	hic-ierais/ieseis	hubierais hecho
3. hagan	hic-ieran/iesen	hubieran hecho

PERFECT haya hecho etc

INFINITIVE	*PARTICIPLE*
PRESENT	**PRESENT**
hacer	haciendo
PAST	**PAST**
haber hecho	hecho

PRESENT	IMPERFECT	FUTURE
1. me hallo	me hallaba	me hallaré
2. te hallas	te hallabas	te hallarás
3. se halla	se hallaba	se hallará
1. nos hallamos	nos hallábamos	nos hallaremos
2. os halláis	os hallabais	os hallaréis
3. se hallan	se hallaban	se hallarán
PRETERITE	**PERFECT**	**PLUPERFECT**
1. me hallé	me he hallado	me había hallado
2. te hallaste	te has hallado	te habías hallado
3. se halló	se ha hallado	se había hallado
1. nos hallamos	nos hemos hallado	nos habíamos hallado
2. os hallasteis	os habéis hallado	os habíais hallado
3. se hallaron	se han hallado	se habían hallado
PAST ANTERIOR		**FUTURE PERFECT**
me hube hallado etc		me habré hallado etc

CONDITIONAL / *IMPERATIVE*

PRESENT	PAST	
1. me hallaría	me habría hallado	
2. te hallarías	te habrías hallado	(tú) hállate
3. se hallaría	se habría hallado	(Vd) hállese
1. nos hallaríamos	nos habríamos hallado	(nosotros) hallémonos
2. os hallaríais	os habríais hallado	(vosotros) hallaos
3. se hallarían	se habrían hallado	(Vds) hállense

SUBJUNCTIVE

PRESENT	IMPERFECT	PLUPERFECT
1. me halle	me hall-ara/ase	me hubiera hallado
2. te halles	te hall-aras/ases	te hubieras hallado
3. se halle	se hall-ara/ase	se hubiera hallado
1. nos hallemos	nos hall-áramos/ásemos	nos hubiéramos hallado
2. os halléis	os hall-arais/aseis	os hubierais hallado
3. se hallen	se hall-aran/asen	se hubieran hallado

PERFECT me haya hallado etc

INFINITIVE	*PARTICIPLE*
PRESENT	**PRESENT**
hallarse	hallándose
PAST	**PAST**
haberse hallado	hallado

HELAR to freeze

PRESENT	IMPERFECT	FUTURE
3. hiela	helaba	helará

PRETERITE	PERFECT	PLUPERFECT
3. heló	ha helado	había helado

PAST ANTERIOR
hubo helado

FUTURE PERFECT
habrá helado

CONDITIONAL

PRESENT	PAST
3. helaría	habría helado

IMPERATIVE

SUBJUNCTIVE

PRESENT	IMPERFECT	PLUPERFECT
3. hiele	hel-ara/ase	hubiera helado

PERFECT haya helado

INFINITIVE

PRESENT
helar

PAST
haber helado

PARTICIPLE

PRESENT
helando

PAST
helado

PRESENT	IMPERFECT	FUTURE
1. hiero	hería	heriré
2. hieres	herías	herirás
3. hiere	hería	herirá
1. herimos	heríamos	heriremos
2. herís	heríais	heriréis
3. hieren	herían	herirán

PRETERITE	PERFECT	PLUPERFECT
1. herí	he herido	había herido
2. heriste	has herido	habías herido
3. hirió	ha herido	había herido
1. herimos	hemos herido	habíamos herido
2. heristeis	habéis herido	habíais herido
3. hirieron	han herido	habían herido

PAST ANTERIOR
hube herido etc

FUTURE PERFECT
habré herido etc

CONDITIONAL

PRESENT	PAST
1. heriría	habría herido
2. herirías	habrías herido
3. heriría	habría herido
1. heriríamos	habríamos herido
2. heriríais	habríais herido
3. herirían	habrían herido

IMPERATIVE

(tú) hiere
(Vd) hiera
(nosotros) hiramos
(vosotros) herid
(Vds) hieran

SUBJUNCTIVE

PRESENT	IMPERFECT	PLUPERFECT
1. hiera	hir-iera/iese	hubiera herido
2. hieras	hir-ieras/ieses	hubieras herido
3. hiera	hir-iera/iese	hubiera herido
1. hiramos	hir-iéramos/iésemos	hubiéramos herido
2. hiráis	hir-ierais/ieseis	hubierais herido
3. hieran	hir-ieran/iesen	hubieran herido

PERFECT haya herido etc

INFINITIVE	*PARTICIPLE*
PRESENT	**PRESENT**
herir	hiriendo
PAST	**PAST**
haber herido	herido

PRESENT	IMPERFECT	FUTURE
1. huyo	huía	huiré
2. huyes	huías	huirás
3. huye	huía	huirá
1. huimos	huíamos	huiremos
2. huís	huíais	huiréis
3. huyen	huían	huirán

PRETERITE	PERFECT	PLUPERFECT
1. huí	he huido	había huido
2. huiste	has huido	habías huido
3. huyó	ha huido	había huido
1. huimos	hemos huido	habíamos huido
2. huisteis	habéis huido	habíais huido
3. huyeron	han huido	habían huido

PAST ANTERIOR		FUTURE PERFECT
hube huido etc		habré huido etc

CONDITIONAL / *IMPERATIVE*

PRESENT	PAST	
1. huiría	habría huido	
2. huirías	habrías huido	(tú) huye
3. huiría	habría huido	(Vd) huya
1. huiríamos	habríamos huido	(nosotros) huyamos
2. huiríais	habríais huido	(vosotros) huid
3. huirían	habrían huido	(Vds) huyan

SUBJUNCTIVE

PRESENT	IMPERFECT	PLUPERFECT
1. huya	hu-yera/yese	hubiera huido
2. huyas	hu-yeras/yeses	hubieras huido
3. huya	hu-yiera/yese	hubiera huido
1. huyamos	hu-yéramos/yésemos	hubiéramos huido
2. huyáis	hu-yerais/yeseis	hubierais huido
3. huyan	hu-yeran/yesen	hubieran huido

PERFECT haya huido etc

INFINITIVE	*PARTICIPLE*
PRESENT	**PRESENT**
huir	huyendo
PAST	**PAST**
haber huido	huido

PRESENT	IMPERFECT	FUTURE
1. indico	indicaba	indicaré
2. indicas	indicabas	indicarás
3. indica	indicaba	indicará
1. indicamos	indicábamos	indicaremos
2. indicáis	indicabais	indicaréis
3. indican	indicaban	indicarán

PRETERITE	PERFECT	PLUPERFECT
1. indiqué	he indicado	había indicado
2. indicaste	has indicado	habías indicado
3. indicó	ha indicado	había indicado
1. indicamos	hemos indicado	habíamos indicado
2. indicasteis	habéis indicado	habíais indicado
3. indicaron	han indicado	habían indicado

PAST ANTERIOR
hube indicado etc

FUTURE PERFECT
habré indicado etc

CONDITIONAL

PRESENT	PAST
1. indicaría	habría indicado
2. indicarías	habrías indicado
3. indicaría	habría indicado
1. indicaríamos	habríamos indicado
2. indicaríais	habríais indicado
3. indicarían	habrían indicado

IMPERATIVE

(tú) indica
(Vd) indique
(nosotros) indiquemos
(vosotros) indicad
(Vds) indiquen

SUBJUNCTIVE

PRESENT	IMPERFECT	PLUPERFECT
1. indique	indic-ara/ase	hubiera indicado
2. indiques	indic-aras/ases	hubieras indicado
3. indique	indic-ara/ase	hubiera indicado
1. indiquemos	indic-áramos/ásemos	hubiéramos indicado
2. indiquéis	indic-arais/aseis	hubierais indicado
3. indiquen	indic-aran/asen	hubieran indicado

PERFECT haya indicado etc

INFINITIVE	*PARTICIPLE*
PRESENT	**PRESENT**
indicar	indicando
PAST	**PAST**
haber indicado	indicado

PRESENT	IMPERFECT	FUTURE
1. intento	intentaba	intentaré
2. intentas	intentabas	intentarás
3. intenta	intentaba	intentará
1. intentamos	intentábamos	intentaremos
2. intentáis	intentabais	intentaréis
3. intentan	intentaban	intentarán

PRETERITE	PERFECT	PLUPERFECT
1. intenté	he intentado	había intentado
2. intentaste	has intentado	habías intentado
3. intentó	ha intentado	había intentado
1. intentamos	hemos intentado	habíamos intentado
2. intentasteis	habéis intentado	habíais intentado
3. intentaron	han intentado	habían intentado

PAST ANTERIOR		FUTURE PERFECT
hube intentado etc		habré intentado etc

CONDITIONAL / *IMPERATIVE*

PRESENT	PAST	
1. intentaría	habría intentado	
2. intentarías	habrías intentado	(tú) intenta
3. intentaría	habría intentado	(Vd) intente
1. intentaríamos	habríamos intentado	(nosotros) intentemos
2. intentaríais	habríais intentado	(vosotros) intentad
3. intentarían	habrían intentado	(Vds) intenten

SUBJUNCTIVE

PRESENT	IMPERFECT	PLUPERFECT
1. intente	intent-ara/ase	hubiera intentado
2. intentes	intent-aras/ases	hubieras intentado
3. intente	intent-ara/ase	hubiera intentado
1. intentemos	intent-áramos/ásemos	hubiéramos intentado
2. intentéis	intent-arais/aseis	hubierais intentado
3. intenten	intent-aran/asen	hubieran intentado

PERFECT haya intentado etc

INFINITIVE	*PARTICIPLE*
PRESENT	**PRESENT**
intentar	intentando
PAST	**PAST**
haber intentado	intentado

PRESENT	IMPERFECT	FUTURE
1. introduzco	introducía	introduciré
2. introduces	introducías	introducirás
3. introduce	introducía	introducirá
1. introducimos	introducíamos	introduciremos
2. introducís	introducíais	introduciréis
3. introducen	introducían	introducirán
PRETERITE	**PERFECT**	**PLUPERFECT**
1. introduje	he introducido	había introducido
2. introdujiste	has introducido	habías introducido
3. introdujo	ha introducido	había introducido
1. introdujimos	hemos introducido	habíamos introducido
2. introdujisteis	habéis introducido	habíais introducido
3. introdujeron	han introducido	habían introducido
PAST ANTERIOR		**FUTURE PERFECT**
hube introducido etc		habré introducido etc

CONDITIONAL		*IMPERATIVE*
PRESENT	**PAST**	
1. introduciría	habría introducido	
2. introducirías	habrías introducido	(tú) introduce
3. introduciría	habría introducido	(Vd) introduzca
1. introduciríamos	habríamos introducido	(nosotros) introduzcamos
2. introduciríais	habríais introducido	(vosotros) introducid
3. introducirían	habrían introducido	(Vds) introduzcan

SUBJUNCTIVE		
PRESENT	**IMPERFECT**	**PLUPERFECT**
1. introduzca	introduj-era/ese	hubiera introducido
2. introduzcas	introduj-eras/eses	hubieras introducido
3. introduzca	introduj-era/ese	hubiera introducido
1. introduzcamos	introduj-éramos/ésemos	hubiéramos introducido
2. introduzcáis	introduj-erais/eseis	hubierais introducido
3. introduzcan	introduj-eran/esen	hubieran introducido

PERFECT haya introducido etc

INFINITIVE	*PARTICIPLE*
PRESENT	**PRESENT**
introducir	introduciendo
PAST	**PAST**
haber introducido	introducido

PRESENT	IMPERFECT	FUTURE
1. voy	iba	iré
2. vas	ibas	irás
3. va	iba	irá
1. vamos	íbamos	iremos
2. vais	ibais	iréis
3. van	iban	irán
PRETERITE	**PERFECT**	**PLUPERFECT**
1. fui	he ido	había ido
2. fuiste	has ido	habías ido
3. fue	ha ido	había ido
1. fuimos	hemos ido	habíamos ido
2. fuisteis	habéis ido	habíais ido
3. fueron	han ido	habían ido
PAST ANTERIOR		**FUTURE PERFECT**
hube ido etc		habré ido etc

CONDITIONAL / *IMPERATIVE*

PRESENT	PAST	
1. iría	habría ido	
2. irías	habrías ido	(tú) ve
3. iría	habría ido	(Vd) vaya
1. iríamos	habríamos ido	(nosotros) vamos
2. iríais	habríais ido	(vosotros) id
3. irían	habrían ido	(Vds) vayan

SUBJUNCTIVE

PRESENT	IMPERFECT	PLUPERFECT
1. vaya	fu-era/ese	hubiera ido
2. vayas	fu-eras/eses	hubieras ido
3. vaya	fu-era/ese	hubiera ido
1. vayamos	fu-éramos/ésemos	hubiéramos ido
2. vayáis	fu-erais/eseis	hubierais ido
3. vayan	fu-eran/esen	hubieran ido

PERFECT haya ido etc

INFINITIVE	*PARTICIPLE*
PRESENT	**PRESENT**
ir	yendo
PAST	**PAST**
haber ido	ido

PRESENT	IMPERFECT	FUTURE
1. juego	jugaba	jugaré
2. juegas	jugabas	jugarás
3. juega	jugaba	jugará
1. jugamos	jugábamos	jugaremos
2. jugáis	jugabais	jugaréis
3. juegan	jugaban	jugarán

PRETERITE	PERFECT	PLUPERFECT
1. jugué	he jugado	había jugado
2. jugaste	has jugado	habías jugado
3. jugó	ha jugado	había jugado
1. jugamos	hemos jugado	habíamos jugado
2. jugasteis	habéis jugado	habíais jugado
3. jugaron	han jugado	habían jugado

PAST ANTERIOR		FUTURE PERFECT
hube jugado etc		habré jugado etc

CONDITIONAL / *IMPERATIVE*

PRESENT	PAST	
1. jugaría	habría jugado	
2. jugarías	habrías jugado	(tú) juega
3. jugaría	habría jugado	(Vd) juegue
1. jugaríamos	habríamos jugado	(nosotros) juguemos
2. jugaríais	habríais jugado	(vosotros) jugad
3. jugarían	habrían jugado	(Vds) jueguen

SUBJUNCTIVE

PRESENT	IMPERFECT	PLUPERFECT
1. juegue	jug-ara/ase	hubiera jugado
2. juegues	jug-aras/ases	hubieras jugado
3. juegue	jug-ara/ase	hubiera jugado
1. juguemos	jug-áramos/ásemos	hubiéramos jugado
2. juguéis	jug-arais/aseis	hubierais jugado
3. jueguen	jug-aran/asen	hubieran jugado

PERFECT haya jugado etc

INFINITIVE	*PARTICIPLE*
PRESENT	**PRESENT**
jugar	jugando
PAST	**PAST**
haber jugado	jugado

PRESENT	IMPERFECT	FUTURE
1. juzgo	juzgaba	juzgaré
2. juzgas	juzgabas	juzgarás
3. juzga	juzgaba	juzgará
1. juzgamos	juzgábamos	juzgaremos
2. juzgáis	juzgabais	juzgaréis
3. juzgan	juzgaban	juzgarán

PRETERITE	PERFECT	PLUPERFECT
1. juzgué	he juzgado	había juzgado
2. juzgaste	has juzgado	habías juzgado
3. juzgó	ha juzgado	había juzgado
1. juzgamos	hemos juzgado	habíamos juzgado
2. juzgasteis	habéis juzgado	habíais juzgado
3. juzgaron	han juzgado	habían juzgado

PAST ANTERIOR
hube juzgado etc

FUTURE PERFECT
habré juzgado etc

CONDITIONAL

PRESENT	PAST	*IMPERATIVE*
1. juzgaría	habría juzgado	
2. juzgarías	habrías juzgado	(tú) juzga
3. juzgaría	habría juzgado	(Vd) juzgue
1. juzgaríamos	habríamos juzgado	(nosotros) juzguemos
2. juzgaríais	habríais juzgado	(vosotros) juzgad
3. juzgarían	habrían juzgado	(Vds) juzguen

SUBJUNCTIVE

PRESENT	IMPERFECT	PLUPERFECT
1. juzgue	juzg-ara/ase	hubiera juzgado
2. juzgues	juzg-aras/ases	hubieras juzgado
3. juzgue	juzg-ara/ase	hubiera juzgado
1. juzguemos	juzg-áramos/ásemos	hubiéramos juzgado
2. juzguéis	juzg-arais/aseis	hubierais juzgado
3. juzguen	juzg-aran/asen	hubieran juzgado

PERFECT haya juzgado etc

INFINITIVE	*PARTICIPLE*
PRESENT	**PRESENT**
juzgar	juzgando
PAST	**PAST**
haber juzgado	juzgado

PRESENT	IMPERFECT	FUTURE
1. lavo	lavaba	lavaré
2. lavas	lavabas	lavarás
3. lava	lavaba	lavará
1. lavamos	lavábamos	lavaremos
2. laváis	lavabais	lavaréis
3. lavan	lavaban	lavarán

PRETERITE	PERFECT	PLUPERFECT
1. lavé	he lavado	había lavado
2. lavaste	has lavado	habías lavado
3. lavó	ha lavado	había lavado
1. lavamos	hemos lavado	habíamos lavado
2. lavasteis	habéis lavado	habíais lavado
3. lavaron	han lavado	habían lavado

PAST ANTERIOR		FUTURE PERFECT
hube lavado etc		habré lavado etc

CONDITIONAL / *IMPERATIVE*

PRESENT	PAST	
1. lavaría	habría lavado	
2. lavarías	habrías lavado	(tú) lava
3. lavaría	habría lavado	(Vd) lave
1. lavaríamos	habríamos lavado	(nosotros) lavemos
2. lavaríais	habríais lavado	(vosotros) lavad
3. lavarían	habrían lavado	(Vds) laven

SUBJUNCTIVE

PRESENT	IMPERFECT	PLUPERFECT
1. lave	lav-ara/ase	hubiera lavado
2. laves	lav-aras/ases	hubieras lavado
3. lave	lav-ara/ase	hubiera lavado
1. lavemos	lav-áramos/ásemos	hubiéramos lavado
2. lavéis	lav-arais/aseis	hubierais lavado
3. laven	lav-aran/asen	hubieran lavado

PERFECT haya lavado etc

INFINITIVE	*PARTICIPLE*
PRESENT	**PRESENT**
lavar	lavando
PAST	**PAST**
haber lavado	lavado

PRESENT	IMPERFECT	FUTURE
1. leo	leía	leeré
2. lees	leías	leerás
3. lee	leía	leerá
1. leemos	leíamos	leeremos
2. leéis	leíais	leeréis
3. leen	leían	leerán

PRETERITE	PERFECT	PLUPERFECT
1. leí	he leído	habia leido
2. leíste	has leído	habías leído
3. leyó	ha leído	había leído
1. leímos	hemos leído	habíamos leído
2. leísteis	habéis leído	habíais leído
3. leyeron	han leído	habían leído

PAST ANTERIOR	FUTURE PERFECT
hube leído etc	habré leído etc

CONDITIONAL

IMPERATIVE

PRESENT	PAST	
1. leería	habría leído	
2. leerías	habrías leído	(tú) lee
3. leería	habría leído	(Vd) lea
1. leeríamos	habríamos leído	(nosotros) leamos
2. leeríais	habríais leído	(vosotros) leed
3. leerían	habrían leído	(Vds) lean

SUBJUNCTIVE

PRESENT	IMPERFECT	PLUPERFECT
1. lea	le-yera/yese	hubiera leído
2. leas	le-yeras/yeses	hubieras leído
3. lea	le-yera/yese	hubiera leído
1. leamos	le-yéramos/yésemos	hubiéramos leído
2. leáis	le-yerais/yeseis	hubierais leído
3. lean	le-yeran/yesen	hubieran leído

PERFECT haya leído etc

INFINITIVE	*PARTICIPLE*
PRESENT	**PRESENT**
leer	leyendo
PAST	**PAST**
haber leído	leído

PRESENT	IMPERFECT	FUTURE
1. llamo	llamaba	llamaré
2. llamas	llamabas	llamarás
3. llama	llamaba	llamará
1. llamamos	llamábamos	llamaremos
2. llamáis	llamabais	llamaréis
3. llaman	llamaban	llamarán

PRETERITE	PERFECT	PLUPERFECT
1. llamé	he llamado	había llamado
2. llamaste	has llamado	habías llamado
3. llamó	ha llamado	había llamado
1. llamamos	hemos llamado	habíamos llamado
2. llamasteis	habéis llamado	habíais llamado
3. llamaron	han llamado	habían llamado

PAST ANTERIOR
hube llamado etc

FUTURE PERFECT
habré llamado etc

CONDITIONAL

PRESENT	PAST
1. llamaría	habría llamado
2. llamarías	habrías llamado
3. llamaría	habría llamado
1. llamaríamos	habríamos llamado
2. llamaríais	habríais llamado
3. llamarían	habrían llamado

IMPERATIVE

(tú) llama
(Vd) llame
(nosotros) llamemos
(vosotros) llamad
(Vds) llamen

SUBJUNCTIVE

PRESENT	IMPERFECT	PLUPERFECT
1. llame	llam-ara/ase	hubiera llamado
2. llames	llam-aras/ases	hubieras llamado
3. llame	llam-ara/ase	hubiera llamado
1. llamemos	llam-áramos/ásemos	hubiéramos llamado
2. llaméis	llam-arais/aseis	hubierais llamado
3. llamen	llam-aran/asen	hubieran llamado

PERFECT haya llamado etc

INFINITIVE	*PARTICIPLE*
PRESENT	**PRESENT**
llamar	llamando
PAST	**PAST**
haber llamado	llamado

LLEGAR to arrive 127

PRESENT	IMPERFECT	FUTURE
1. llego	llegaba	llegaré
2. llegas	llegabas	llegarás
3. llega	llegaba	llegará
1. llegamos	llegábamos	llegaremos
2. llegáis	llegabais	llegaréis
3. llegan	llegaban	llegarán

PRETERITE	PERFECT	PLUPERFECT
1. llegué	he llegado	había llegado
2. llegaste	has llegado	habías llegado
3. llegó	ha llegado	había llegado
1. llegamos	hemos llegado	habíamos llegado
2. llegasteis	habéis llegado	habíais llegado
3. llegaron	han llegado	habían llegado

PAST ANTERIOR
hube llegado etc

FUTURE PERFECT
habré llegado etc

CONDITIONAL

PRESENT	PAST	*IMPERATIVE*
1. llegaría	habría llegado	
2. llegarías	habrías llegado	(tú) llega
3. llegaría	habría llegado	(Vd) llegue
1. llegaríamos	habríamos llegado	(nosotros) lleguemos
2. llegaríais	habríais llegado	(vosotros) llegad
3. llegarían	habrían llegado	(Vds) lleguen

SUBJUNCTIVE

PRESENT	IMPERFECT	PLUPERFECT
1. llegue	lleg ara/ase	hubiera llegado
2. llegues	lleg-aras/ases	hubieras llegado
3. llegue	lleg-ara/ase	hubiera llegado
1. lleguemos	lleg-áramos/ásemos	hubiéramos llegado
2. lleguéis	lleg-arais/aseis	hubierais llegado
3. lleguen	lleg-aran/asen	hubieran llegado

PERFECT haya llegado etc

INFINITIVE	*PARTICIPLE*
PRESENT	**PRESENT**
llegar	llegando
PAST	**PAST**
haber llegado	llegado

LLOVER to rain

PRESENT	IMPERFECT	FUTURE
3. llueve	llovía	lloverá

PRETERITE	PERFECT	PLUPERFECT
3. llovió	ha llovido	había llovido

PAST ANTERIOR
hubo llovido

FUTURE PERFECT
habrá llovido

CONDITIONAL

PRESENT	PAST
3. llovería	habría llovido

IMPERATIVE

SUBJUNCTIVE

PRESENT	IMPERFECT	PLUPERFECT
3. llueva	llov-iera/iese	hubiera llovido

PERFECT haya llovido

INFINITIVE	*PARTICIPLE*
PRESENT llover	**PRESENT** lloviendo
PAST haber llovido	**PAST** llovido

PRESENT	IMPERFECT	FUTURE
1. luzco	lucía	luciré
2. luces	lucías	lucirás
3. luce	lucía	lucirá
1. lucimos	lucíamos	luciremos
2. lucís	lucíais	luciréis
3. lucen	lucían	lucirán

PRETERITE	PERFECT	PLUPERFECT
1. lucí	he lucido	había lucido
2. luciste	has lucido	habías lucido
3. lució	ha lucido	había lucido
1. lucimos	hemos lucido	habíamos lucido
2. lucisteis	habéis lucido	habíais lucido
3. lucieron	han lucido	habían lucido

PAST ANTERIOR
hube lucido etc

FUTURE PERFECT
habré lucido etc

CONDITIONAL

PRESENT	PAST	*IMPERATIVE*
1. luciría	habría lucido	
2. lucirías	habrías lucido	(tú) luce
3. luciría	habría lucido	(Vd) luzca
1. luciríamos	habríamos lucido	(nosotros) luzcamos
2. luciríais	habríais lucido	(vosotros) lucid
3. lucirían	habrían lucido	(Vds) luzcan

SUBJUNCTIVE

PRESENT	IMPERFECT	PLUPERFECT
1. luzca	luc-iera/iese	hubiera lucido
2. luzcas	luc-ieras/ieses	hubieras lucido
3. luzca	luc-iera/iese	hubiera lucido
1. luzcamos	luc-iéramos/iésemos	hubiéramos lucido
2. luzcáis	luc-ierais/ieseis	hubierais lucido
3. luzcan	luc-ieran/iesen	hubieran lucido

PERFECT haya lucido etc

INFINITIVE	*PARTICIPLE*
PRESENT	**PRESENT**
lucir	luciendo
PAST	**PAST**
haber lucido	lucido

PRESENT	IMPERFECT	FUTURE
1. miento	mentía	mentiré
2. mientes	mentías	mentirás
3. miente	mentía	mentirá
1. mentimos	mentíamos	mentiremos
2. mentís	mentíais	mentiréis
3. mienten	mentían	mentirán

PRETERITE	PERFECT	PLUPERFECT
1. mentí	he mentido	había mentido
2. mentiste	has mentido	habías mentido
3. mintió	ha mentido	había mentido
1. mentimos	hemos mentido	habíamos mentido
2. mentisteis	habéis mentido	habíais mentido
3. mintieron	han mentido	habían mentido

PAST ANTERIOR
hube mentido etc

FUTURE PERFECT
habré mentido etc

CONDITIONAL

PRESENT	PAST
1. mentiría	habría mentido
2. mentirías	habrías mentido
3. mentiría	habría mentido
1. mentiríamos	habríamos mentido
2. mentiríais	habríais mentido
3. mentirían	habrían mentido

IMPERATIVE

(tú) miente
(Vd) mienta
(nosotros) mintamos
(vosotros) mentid
(Vds) mientan

SUBJUNCTIVE

PRESENT	IMPERFECT	PLUPERFECT
1. mienta	mint-iera/iese	hubiera mentido
2. mientas	mint-ieras/ieses	hubieras mentido
3. mienta	mint-iera/iese	hubiera mentido
1. mintamos	mint-iéramos/iésemos	hubiéramos mentido
2. mintáis	mint-ierais/ieseis	hubierais mentido
3. mientan	mint-ieran/iesen	hubieran mentido

PERFECT haya mentido etc

INFINITIVE	*PARTICIPLE*
PRESENT	**PRESENT**
mentir	mintiendo
PAST	**PAST**
haber mentido	mentido

PRESENT	IMPERFECT	FUTURE
1. merezco	merecía	mereceré
2. mereces	merecías	merecerás
3. merece	merecía	merecerá
1. merecemos	merecíamos	mereceremos
2. merecéis	merecíais	mereceréis
3. merecen	merecían	merecerán

PRETERITE	PERFECT	PLUPERFECT
1. merecí	he merecido	había merecido
2. mereciste	has merecido	habías merecido
3. mereció	ha merecido	había merecido
1. merecimos	hemos merecido	habíamos merecido
2. merecisteis	habéis merecido	habíais merecido
3. merecieron	han merecido	habían merecido

PAST ANTERIOR
hube merecido etc

FUTURE PERFECT
habré merecido etc

CONDITIONAL

PRESENT	PAST	*IMPERATIVE*
1. merecería	habría merecido	
2. merecerías	habrías merecido	(tú) merece
3. merecería	habría merecido	(Vd) merezca
1. mereceríamos	habríamos merecido	(nosotros) merezcamos
2. mereceríais	habríais merecido	(vosotros) mereced
3. merecerían	habrían merecido	(Vds) merezcan

SUBJUNCTIVE

PRESENT	IMPERFECT	PLUPERFECT
1. merezca	merec-iera/iese	hubiera merecido
2. merezcas	merec-ieras/ieses	hubieras merecido
3. merezca	merec-iera/iese	hubiera merecido
1. merezcamos	merec-iéramos/iésemos	hubiéramos merecido
2. merezcáis	merec-ierais/ieseis	hubierais merecido
3. merezcan	merec-ieran/iesen	hubieran merecido

PERFECT haya merecido etc

INFINITIVE	*PARTICIPLE*
PRESENT	**PRESENT**
merecer	mereciendo
PAST	**PAST**
haber merecido	merecido

PRESENT	IMPERFECT	FUTURE
1. muerdo	mordía	morderé
2. muerdes	mordías	morderás
3. muerde	mordía	morderá
1. mordemos	mordíamos	morderemos
2. mordéis	mordíais	morderéis
3. muerden	mordían	morderán

PRETERITE	PERFECT	PLUPERFECT
1. mordí	he mordido	había mordido
2. mordiste	has mordido	habías mordido
3. mordió	ha mordido	había mordido
1. mordimos	hemos mordido	habíamos mordido
2. mordisteis	habéis mordido	habíais mordido
3. mordieron	han mordido	habían mordido

PAST ANTERIOR		FUTURE PERFECT
hube mordido etc		habré mordido etc

CONDITIONAL / *IMPERATIVE*

PRESENT	PAST	
1. mordería	habría mordido	
2. morderías	habrías mordido	(tú) muerde
3. mordería	habría mordido	(Vd) muerda
1. morderíamos	habríamos mordido	(nosotros) mordamos
2. morderíais	habríais mordido	(vosotros) morded
3. morderían	habrían mordido	(Vds) muerdan

SUBJUNCTIVE

PRESENT	IMPERFECT	PLUPERFECT
1. muerda	mord-iera/iese	hubiera mordido
2. muerdas	mord-ieras/ieses	hubieras mordido
3. muerda	mord-iera/iese	hubiera mordido
1. mordamos	mord-iéramos/iésemos	hubiéramos mordido
2. mordáis	mord-ierais/ieseis	hubierais mordido
3. muerdan	mord-ieran/iesen	hubieran mordido

PERFECT haya mordido etc

INFINITIVE	*PARTICIPLE*
PRESENT	**PRESENT**
morder	mordiendo
PAST	**PAST**
haber mordido	mordido

PRESENT	IMPERFECT	FUTURE
1. muero	moría	moriré
2. mueres	morías	morirás
3. muere	moría	morirá
1. morimos	moríamos	moriremos
2. morís	moríais	moriréis
3. mueren	morían	morirán

PRETERITE	PERFECT	PLUPERFECT
1. morí	he muerto	había muerto
2. moriste	has muerto	habías muerto
3. murió	ha muerto	había muerto
1. morimos	hemos muerto	habíamos muerto
2. moristeis	habéis muerto	habíais muerto
3. murieron	han muerto	habían muerto

PAST ANTERIOR
hube muerto etc

FUTURE PERFECT
habré muerto etc

CONDITIONAL / *IMPERATIVE*

PRESENT	PAST	IMPERATIVE
1. moriría	habría muerto	
2. morirías	habrías muerto	(tú) muere
3. moriría	habría muerto	(Vd) muera
1. moriríamos	habríamos muerto	(nosotros) muramos
2. moriríais	habríais muerto	(vosotros) morid
3. morirían	habrían muerto	(Vds) mueran

SUBJUNCTIVE

PRESENT	IMPERFECT	PLUPERFECT
1. muera	mur-iera/iese	hubiera muerto
2. mueras	mur-ieras/ieses	hubieras muerto
3. muera	mur-iera/iese	hubiera muerto
1. muramos	mur-iéramos/iésemos	hubiéramos muerto
2. muráis	mur-ierais/ieseis	hubierais muerto
3. mueran	mur-ieran/iesen	hubieran muerto

PERFECT haya muerto etc

INFINITIVE	*PARTICIPLE*
PRESENT	**PRESENT**
morir	muriendo
PAST	**PAST**
haber muerto	muerto

PRESENT	IMPERFECT	FUTURE
1. muevo	movía	moveré
2. mueves	movías	moverás
3. mueve	movía	moverá
1. movemos	movíamos	moveremos
2. movéis	movíais	moveréis
3. mueven	movían	moverán

PRETERITE	PERFECT	PLUPERFECT
1. moví	he movido	había movido
2. moviste	has movido	habías movido
3. movió	ha movido	había movido
1. movimos	hemos movido	habíamos movido
2. movisteis	habéis movido	habíais movido
3. movieron	han movido	habían movido

PAST ANTERIOR		FUTURE PERFECT
hube movido etc		habré movido etc

CONDITIONAL / *IMPERATIVE*

PRESENT	PAST	
1. movería	habría movido	
2. moverías	habrías movido	(tú) mueve
3. movería	habría movido	(Vd) mueva
1. moveríamos	habríamos movido	(nosotros) movamos
2. moveríais	habríais movido	(vosotros) moved
3. moverían	habrían movido	(Vds) muevan

SUBJUNCTIVE

PRESENT	IMPERFECT	PLUPERFECT
1. mueva	mov-iera/iese	hubiera movido
2. muevas	mov-ieras/ieses	hubieras movido
3. mueva	mov-iera/iese	hubiera movido
1. movamos	mov-iéramos/iésemos	hubiéramos movido
2. mováis	mov-ierais/ieseis	hubierais movido
3. muevan	mov-ieran/iesen	hubieran movido

PERFECT haya movido etc

INFINITIVE	*PARTICIPLE*
PRESENT	PRESENT
mover	moviendo
PAST	PAST
haber movido	movido

PRESENT	IMPERFECT	FUTURE
1. nazco	nacía	naceré
2. naces	nacías	nacerás
3. nace	nacía	nacerá
1. nacemos	nacíamos	naceremos
2. nacéis	nacíais	naceréis
3. nacen	nacían	nacerán

PRETERITE	PERFECT	PLUPERFECT
1. nací	he nacido	había nacido
2. naciste	has nacido	habías nacido
3. nació	ha nacido	había nacido
1. nacimos	hemos nacido	habíamos nacido
2. nacisteis	habéis nacido	habíais nacido
3. nacieron	han nacido	habían nacido

PAST ANTERIOR
hube nacido etc

FUTURE PERFECT
habré nacido etc

CONDITIONAL / *IMPERATIVE*

PRESENT	PAST	
1. nacería	habría nacido	
2. nacerías	habrías nacido	(tú) nace
3. nacería	habría nacido	(Vd) nazca
1. naceríamos	habríamos nacido	(nosotros) nazcamos
2. naceríais	habríais nacido	(vosotros) naced
3. nacerían	habrían nacido	(Vds) nazcan

SUBJUNCTIVE

PRESENT	IMPERFECT	PLUPERFECT
1. nazca	nac-iera/iese	hubiera nacido
2. nazcas	nac-ieras/ieses	hubieras nacido
3. nazca	nac-iera/iese	hubiera nacido
1. nazcamos	nac-iéramos/iésemos	hubiéramos nacido
2. nazcáis	nac-ierais/ieseis	hubierais nacido
3. nazcan	nac-ieran/iesen	hubieran nacido

PERFECT haya nacido etc

INFINITIVE	*PARTICIPLE*
PRESENT	**PRESENT**
nacer	naciendo
PAST	**PAST**
haber nacido	nacido

NADAR to swim

PRESENT	IMPERFECT	FUTURE
1. nado	nadaba	nadaré
2. nadas	nadabas	nadarás
3. nada	nadaba	nadará
1. nadamos	nadábamos	nadaremos
2. nadáis	nadabais	nadaréis
3. nadan	nadaban	nadarán

PRETERITE	PERFECT	PLUPERFECT
1. nadé	he nadado	había nadado
2. nadaste	has nadado	habías nadado
3. nadó	ha nadado	había nadado
1. nadamos	hemos nadado	habíamos nadado
2. nadasteis	habéis nadado	habíais nadado
3. nadaron	han nadado	habían nadado

PAST ANTERIOR		FUTURE PERFECT
hube nadado etc		habré nadado etc

CONDITIONAL / *IMPERATIVE*

PRESENT	PAST	
1. nadaría	habría nadado	
2. nadarías	habrías nadado	(tú) nada
3. nadaría	habría nadado	(Vd) nade
1. nadaríamos	habríamos nadado	(nosotros) nademos
2. nadaríais	habríais nadado	(vosotros) nadad
3. nadarían	habrían nadado	(Vds) naden

SUBJUNCTIVE

PRESENT	IMPERFECT	PLUPERFECT
1. nade	nad-ara/ase	hubiera nadado
2. nades	nad-aras/ases	hubieras nadado
3. nade	nad-ara/ase	hubiera nadado
1. nademos	nad-áramos/ásemos	hubiéramos nadado
2. nadéis	nad-arais/aseis	hubierais nadado
3. naden	nad-aran/asen	hubieran nadado

PERFECT haya nadado etc

INFINITIVE	*PARTICIPLE*
PRESENT	**PRESENT**
nadar	nadando
PAST	**PAST**
haber nadado	nadado

PRESENT	IMPERFECT	FUTURE
1. necesito	necesitaba	necesitaré
2. necesitas	necesitabas	necesitarás
3. necesita	necesitaba	necesitará
1. necesitamos	necesitábamos	necesitaremos
2. necesitáis	necesitabais	necesitaréis
3. necesitan	necesitaban	necesitarán

PRETERITE	PERFECT	PLUPERFECT
1. necesité	he necesitado	había necesitado
2. necesitaste	has necesitado	habías necesitado
3. necesitó	ha necesitado	había necesitado
1. necesitamos	hemos necesitado	habíamos necesitado
2. necesitasteis	habéis necesitado	habíais necesitado
3. necesitaron	han necesitado	habían necesitado

PAST ANTERIOR	FUTURE PERFECT
hube necesitado etc	habré necesitado etc

CONDITIONAL / *IMPERATIVE*

PRESENT	PAST	
1. necesitaría	habría necesitado	
2. necesitarías	habrías necesitado	(tú) necesita
3. necesitaría	habría necesitado	(Vd) necesite
1. necesitaríamos	habríamos necesitado	(nosotros) necesitemos
2. necesitaríais	habríais necesitado	(vosotros) necesitad
3. necesitarían	habrían necesitado	(Vds) necesiten

SUBJUNCTIVE

PRESENT	IMPERFECT	PLUPERFECT
1. necesite	necesit-ara/ase	hubiera necesitado
2. necesites	necesit-aras/ases	hubieras necesitado
3. necesite	necesit-ara/ase	hubiera necesitado
1. necesitemos	necesit-áramos/ásemos	hubiéramos necesitado
2. necesitéis	necesit-arais/aseis	hubierais necesitado
3. necesiten	necesit-aran/asen	hubieran necesitado

PERFECT haya necesitado etc

INFINITIVE	*PARTICIPLE*
PRESENT	**PRESENT**
necesitar	necesitando
PAST	**PAST**
haber necesitado	necesitado

PRESENT	IMPERFECT	FUTURE
1. niego	negaba	negaré
2. niegas	negabas	negarás
3. niega	negaba	negará
1. negamos	negábamos	negaremos
2. negáis	negabais	negaréis
3. niegan	negaban	negarán

PRETERITE	PERFECT	PLUPERFECT
1. negué	he negado	había negado
2. negaste	has negado	habías negado
3. negó	ha negado	había negado
1. negamos	hemos negado	habíamos negado
2. negasteis	habéis negado	habíais negado
3. negaron	han negado	habían negado

PAST ANTERIOR
hube negado etc

FUTURE PERFECT
habré negado etc

CONDITIONAL		*IMPERATIVE*
PRESENT	PAST	
1. negaría	habría negado	
2. negarías	habrías negado	(tú) niega
3. negaría	habría negado	(Vd) niegue
1. negaríamos	habríamos negado	(nosotros) neguemos
2. negaríais	habríais negado	(vosotros) negad
3. negarían	habrían negado	(Vds) nieguen

SUBJUNCTIVE

PRESENT	IMPERFECT	PLUPERFECT
1. niegue	neg-ara/ase	hubiera negado
2. niegues	neg-aras/ases	hubieras negado
3. niegue	neg-ara/ase	hubiera negado
1. neguemos	neg-áramos/ásemos	hubiéramos negado
2. neguéis	neg-arais/aseis	hubierais negado
3. nieguen	neg-aran/asen	hubieran negado

PERFECT haya negado etc

INFINITIVE	*PARTICIPLE*
PRESENT	PRESENT
negar	negando
PAST	PAST
haber negado	negado

PRESENT	IMPERFECT	FUTURE
3. nieva	nevaba	nevará

PRETERITE	PERFECT	PLUPERFECT
3. nevó	ha nevado	había nevado

PAST ANTERIOR
hubo nevado

FUTURE PERFECT
habrá nevado

CONDITIONAL

PRESENT	PAST
3. nevaría	habría nevado

IMPERATIVE

SUBJUNCTIVE

PRESENT	IMPERFECT	PLUPERFECT
3. nieve	nev-ara/ase	hubiera nevado

PERFECT haya nevado

INFINITIVE
PRESENT
nevar
PAST
haber nevado

PARTICIPLE
PRESENT
nevando
PAST
nevado

PRESENT	IMPERFECT	FUTURE
1. obedezco	obedecía	obedeceré
2. obedeces	obedecías	obedecerás
3. obedece	obedecía	obedecerá
1. obedecemos	obedecíamos	obedeceremos
2. obedecéis	obedecíais	obedeceréis
3. obedecen	obedecían	obedecerán

PRETERITE	PERFECT	PLUPERFECT
1. obedecí	he obedecido	había obedecido
2. obedeciste	has obedecido	habías obedecido
3. obedeció	ha obedecido	había obedecido
1. obedecimos	hemos obedecido	habíamos obedecido
2. obedecisteis	habéis obedecido	habíais obedecido
3. obedecieron	han obedecido	habían obedecido

PAST ANTERIOR
hube obedecido etc

FUTURE PERFECT
habré obedecido etc

CONDITIONAL / *IMPERATIVE*

PRESENT	PAST	
1. obedecería	habría obedecido	
2. obedecerías	habrías obedecido	(tú) obedece
3. obedecería	habría obedecido	(Vd) obedezca
1. obedeceríamos	habríamos obedecido	(nosotros) obedezcamos
2. obedeceríais	habríais obedecido	(vosotros) obedeced
3. obedecerían	habrían obedecido	(Vds) obedezcan

SUBJUNCTIVE

PRESENT	IMPERFECT	PLUPERFECT
1. obedezca	obedec-iera/iese	hubiera obedecido
2. obedezcas	obedec-ieras/ieses	hubieras obedecido
3. obedezca	obedec-iera/iese	hubiera obedecido
1. obedezcamos	obedec-iéramos/iésemos	hubiéramos obedecido
2. obedezcáis	obedec-ierais/ieseis	hubierais obedecido
3. obedezcan	obedec-ieran/iesen	hubieran obedecido

PERFECT haya obedecido etc

INFINITIVE	*PARTICIPLE*
PRESENT	**PRESENT**
obedecer	obedeciendo
PAST	**PAST**
haber obedecido	obedecido

OBLIGAR to compel, to force

PRESENT	IMPERFECT	FUTURE
1. obligo	obligaba	obligaré
2. obligas	obligabas	obligarás
3. obliga	obligaba	obligará
1. obligamos	obligábamos	obligaremos
2. obligáis	obligabais	obligaréis
3. obligan	obligaban	obligarán
PRETERITE	**PERFECT**	**PLUPERFECT**
1. obligué	he obligado	había obligado
2. obligaste	has obligado	habías obligado
3. obligó	ha obligado	había obligado
1. obligamos	hemos obligado	habíamos obligado
2. obligasteis	habéis obligado	habíais obligado
3. obligaron	han obligado	habían obligado
PAST ANTERIOR		**FUTURE PERFECT**
hube obligado etc		habré obligado etc

CONDITIONAL

PRESENT	PAST	*IMPERATIVE*
1. obligaría	habría obligado	
2. obligarías	habrías obligado	(tú) obliga
3. obligaría	habría obligado	(Vd) obligue
1. obligaríamos	habríamos obligado	(nosotros) obliguemos
2. obligaríais	habríais obligado	(vosotros) obligad
3. obligarían	habrían obligado	(Vds) obliguen

SUBJUNCTIVE

PRESENT	IMPERFECT	PLUPERFECT
1. obligue	oblig-ara/ase	hubiera obligado
2. obligues	oblig-aras/ases	hubieras obligado
3. obligue	oblig-ara/ase	hubiera obligado
1. obliguemos	oblig-áramos/ásemos	hubiéramos obligado
2. obliguéis	oblig-arais/aseis	hubierais obligado
3. obliguen	oblig-aran/asen	hubieran obligado

PERFECT haya obligado etc

INFINITIVE	*PARTICIPLE*
PRESENT	**PRESENT**
obligar	obligando
PAST	**PAST**
haber obligado	obligado

PRESENT	IMPERFECT	FUTURE
1. ofrezco	ofrecía	ofreceré
2. ofreces	ofrecías	ofrecerás
3. ofrece	ofrecía	ofrecerá
1. ofrecemos	ofrecíamos	ofreceremos
2. ofrecéis	ofrecíais	ofreceréis
3. ofrecen	ofrecían	ofrecerán

PRETERITE	PERFECT	PLUPERFECT
1. ofrecí	he ofrecido	había ofrecido
2. ofreciste	has ofrecido	habías ofrecido
3. ofreció	ha ofrecido	había ofrecido
1. ofrecimos	hemos ofrecido	habíamos ofrecido
2. ofrecisteis	habéis ofrecido	habíais ofrecido
3. ofrecieron	han ofrecido	habían ofrecido

PAST ANTERIOR
hube ofrecido etc

FUTURE PERFECT
habré ofrecido etc

CONDITIONAL / *IMPERATIVE*

PRESENT	PAST	
1. ofrecería	habría ofrecido	
2. ofrecerías	habrías ofrecido	(tú) ofrece
3. ofrecería	habría ofrecido	(Vd) ofrezca
1. ofreceríamos	habríamos ofrecido	(nosotros) ofrezcamos
2. ofreceríais	habríais ofrecido	(vosotros) ofreced
3. ofrecerían	habrían ofrecido	(Vds) ofrezcan

SUBJUNCTIVE

PRESENT	IMPERFECT	PLUPERFECT
1. ofrezca	ofrec-iera/iese	hubiera ofrecido
2. ofrezcas	ofrec-ieras/ieses	hubieras ofrecido
3. ofrezca	ofrec-iera/iese	hubiera ofrecido
1. ofrezcamos	ofrec-iéramos/iésemos	hubiéramos ofrecido
2. ofrezcáis	ofrec-ierais/ieseis	hubierais ofrecido
3. ofrezcan	ofrec-ieran/iesen	hubieran ofrecido

PERFECT haya ofrecido etc

INFINITIVE	*PARTICIPLE*
PRESENT	**PRESENT**
ofrecer	ofreciendo
PAST	**PAST**
haber ofrecido	ofrecido

PRESENT	IMPERFECT	FUTURE
1. oigo	oía	oiré
2. oyes	oías	oirás
3. oye	oía	oirá
1. oímos	oíamos	oiremos
2. oís	oíais	oiréis
3. oyen	oían	oirán

PRETERITE	PERFECT	PLUPERFECT
1. oí	he oído	había oído
2. oíste	has oído	habías oído
3. oyó	ha oído	había oído
1. oímos	hemos oído	habíamos oído
2. oísteis	habéis oído	habíais oído
3. oyeron	han oído	habían oído

PAST ANTERIOR		FUTURE PERFECT
hube oído etc		habré oído etc

CONDITIONAL		*IMPERATIVE*
PRESENT	PAST	
1. oiría	habría oído	
2. oirías	habrías oído	(tú) oye
3. oiría	habría oído	(Vd) oiga
1. oiríamos	habríamos oído	(nosotros) oigamos
2. oiríais	habríais oído	(vosotros) oíd
3. oirían	habrían oído	(Vds) oigan

SUBJUNCTIVE

PRESENT	IMPERFECT	PLUPERFECT
1. oiga	o-yera/yese	hubiera oído
2. oigas	o-yeras/yeses	hubieras oído
3. oiga	o-yera/yese	hubiera oído
1. oigamos	o-yéramos/yésemos	hubiéramos oído
2. oigáis	o-yerais/yeseis	hubierais oído
3. oigan	o-yeran/yesen	hubieran oído

PERFECT haya oído etc

INFINITIVE	*PARTICIPLE*
PRESENT	PRESENT
oír	oyendo
PAST	PAST
haber oído	oído

PRESENT	IMPERFECT	FUTURE
1. huelo	olía	oleré
2. hueles	olías	olerás
3. huele	olía	olerá
1. olemos	olíamos	oleremos
2. oléis	olíais	oleréis
3. huelen	olían	olerán

PRETERITE	PERFECT	PLUPERFECT
1. olí	he olido	había olido
2. oliste	has olido	habías olido
3. olió	ha olido	había olido
1. olimos	hemos olido	habíamos olido
2. olisteis	habéis olido	habíais olido
3. olieron	han olido	habían olido

PAST ANTERIOR
hube olido etc

FUTURE PERFECT
habré olido etc

CONDITIONAL

PRESENT	PAST
1. olería	habría olido
2. olerías	habrías olido
3. olería	habría olido
1. oleríamos	habríamos olido
2. oleríais	habríais olido
3. olerían	habrían olido

IMPERATIVE

(tú) huele
(Vd) huela
(nosotros) olamos
(vosotros) oled
(Vds) huelan

SUBJUNCTIVE

PRESENT	IMPERFECT	PLUPERFECT
1. huela	ol-iera/iese	hubiera olido
2. huelas	ol-ieras/ieses	hubieras olido
3. huela	ol-iera/iese	hubiera olido
1. olamos	ol-iéramos/iésemos	hubiéramos olido
2. oláis	ol-ierais/ieseis	hubierais olido
3. huelan	ol-ieran/iesen	hubieran olido

PERFECT haya olido etc

INFINITIVE	*PARTICIPLE*
PRESENT	**PRESENT**
oler	oliendo
PAST	**PAST**
haber olido	olido

PRESENT	IMPERFECT	FUTURE
1. pago	pagaba	pagaré
2. pagas	pagabas	pagarás
3. paga	pagaba	pagará
1. pagamos	pagábamos	pagaremos
2. pagáis	pagabais	pagaréis
3. pagan	pagaban	pagarán

PRETERITE	PERFECT	PLUPERFECT
1. pagué	he pagado	había pagado
2. pagaste	has pagado	habías pagado
3. pagó	ha pagado	había pagado
1. pagamos	hemos pagado	habíamos pagado
2. pagasteis	habéis pagado	habíais pagado
3. pagaron	han pagado	habían pagado

PAST ANTERIOR		FUTURE PERFECT
hube pagado etc		habré pagado etc

CONDITIONAL / *IMPERATIVE*

PRESENT	PAST	
1. pagaría	habría pagado	
2. pagarías	habrías pagado	(tú) paga
3. pagaría	habría pagado	(Vd) pague
1. pagaríamos	habríamos pagado	(nosotros) paguemos
2. pagaríais	habríais pagado	(vosotros) pagad
3. pagarían	habrían pagado	(Vds) paguen

SUBJUNCTIVE

PRESENT	IMPERFECT	PLUPERFECT
1. pague	pag-ara/ase	hubiera pagado
2. pagues	pag-aras/ases	hubieras pagado
3. pague	pag-ara/ase	hubiera pagado
1. paguemos	pag-áramos/ásemos	hubiéramos pagado
2. paguéis	pag-arais/aseis	hubierais pagado
3. paguen	pag-aran/asen	hubieran pagado

PERFECT haya pagado etc

INFINITIVE	*PARTICIPLE*
PRESENT	**PRESENT**
pagar	pagando
PAST	**PAST**
haber pagado	pagado

PRESENT	IMPERFECT	FUTURE
1. parezco	parecía	pareceré
2. pareces	parecías	parecerás
3. parece	parecía	parecerá
1. parecemos	parecíamos	pareceremos
2. parecéis	parecíais	pareceréis
3. parecen	parecían	parecerán

PRETERITE	PERFECT	PLUPERFECT
1. parecí	he parecido	había parecido
2. pareciste	has parecido	habías parecido
3. pareció	ha parecido	había parecido
1. parecimos	hemos parecido	habíamos parecido
2. parecisteis	habéis parecido	habíais parecido
3. parecieron	han parecido	habían parecido

PAST ANTERIOR
hube parecido etc

FUTURE PERFECT
habré parecido etc

CONDITIONAL

PRESENT	PAST
1. parecería	habría parecido
2. parecerías	habrías parecido
3. parecería	habría parecido
1. pareceríamos	habríamos parecido
2. pareceríais	habríais parecido
3. parecerían	habrían parecido

IMPERATIVE

(tú) parece
(Vd) parezca
(nosotros) parezcamos
(vosotros) pareced
(Vds) parezcan

SUBJUNCTIVE

PRESENT	IMPERFECT	PLUPERFECT
1. parezca	parec-iera/iese	hubiera parecido
2. parezcas	parec-ieras/ieses	hubieras parecido
3. parezca	parec-iera/iese	hubiera parecido
1. parezcamos	parec-iéramos/iésemos	hubiéramos parecido
2. parezcáis	parec-ierais/ieseis	hubierais parecido
3. parezcan	parec-ieran/iesen	hubieran parecido

PERFECT haya parecido etc

INFINITIVE	*PARTICIPLE*
PRESENT	**PRESENT**
parecer	pareciendo
PAST	**PAST**
haber parecido	parecido

PRESENT	IMPERFECT	FUTURE
1. paseo	paseaba	pasearé
2. paseas	paseabas	pasearás
3. pasea	paseaba	paseará
1. paseamos	paseábamos	pasearemos
2. paseáis	paseabais	pasearéis
3. pasean	paseaban	pasearán

PRETERITE	PERFECT	PLUPERFECT
1. paseé	he paseado	había paseado
2. paseaste	has paseado	habías paseado
3. paseó	ha paseado	había paseado
1. paseamos	hemos paseado	habíamos paseado
2. paseasteis	habéis paseado	habíais paseado
3. pasearon	han paseado	habían paseado

PAST ANTERIOR		FUTURE PERFECT
hube paseado etc		habré paseado etc

CONDITIONAL / *IMPERATIVE*

PRESENT	PAST	
1. pasearía	habría paseado	
2. pasearías	habrías paseado	(tú) pasea
3. pasearía	habría paseado	(Vd) pasee
1. pasearíamos	habríamos paseado	(nosotros) paseemos
2. pasearíais	habríais paseado	(vosotros) pasead
3. pasearían	habrían paseado	(Vds) paseen

SUBJUNCTIVE

PRESENT	IMPERFECT	PLUPERFECT
1. pasee	pase-ara/ase	hubiera paseado
2. pasees	pase-aras/ases	hubieras paseado
3. pasee	pase-ara/ase	hubiera paseado
1. paseemos	pase-áramos/ásemos	hubiéramos paseado
2. paseéis	pase-arais/aseis	hubierais paseado
3. paseen	pase-aran/asen	hubieran paseado

PERFECT haya paseado etc

INFINITIVE	*PARTICIPLE*
PRESENT	**PRESENT**
pasear	paseando
PAST	**PAST**
haber paseado	paseado

PRESENT	IMPERFECT	FUTURE
1. pido	pedía	pediré
2. pides	pedías	pedirás
3. pide	pedía	pedirá
1. pedimos	pedíamos	pediremos
2. pedís	pedíais	pediréis
3. piden	pedían	pedirán

PRETERITE	PERFECT	PLUPERFECT
1. pedí	he pedido	había pedido
2. pediste	has pedido	habías pedido
3. pidió	ha pedido	había pedido
1. pedimos	hemos pedido	habíamos pedido
2. pedisteis	habéis pedido	habíais pedido
3. pidieron	han pedido	habían pedido

PAST ANTERIOR
hube pedido etc

FUTURE PERFECT
habré pedido etc

CONDITIONAL

PRESENT	PAST	*IMPERATIVE*
1. pediría	habría pedido	
2. pedirías	habrías pedido	(tú) pide
3. pediría	habría pedido	(Vd) pida
1. pediríamos	habríamos pedido	(nosotros) pidamos
2. pediríais	habríais pedido	(vosotros) pedid
3. pedirían	habrían pedido	(Vds) pidan

SUBJUNCTIVE

PRESENT	IMPERFECT	PLUPERFECT
1. pida	pid-iera/iese	hubiera pedido
2. pidas	pid-ieras/ieses	hubieras pedido
3. pida	pid-iera/iese	hubiera pedido
1. pidamos	pid-iéramos/iésemos	hubiéramos pedido
2. pidáis	pid-ierais/ieseis	hubierais pedido
3. pidan	pid-ieran/iesen	hubieran pedido

PERFECT haya pedido etc

INFINITIVE	*PARTICIPLE*
PRESENT	**PRESENT**
pedir	pidiendo
PAST	**PAST**
haber pedido	pedido

PRESENT	IMPERFECT	FUTURE
1. pienso	pensaba	pensaré
2. piensas	pensabas	pensarás
3. piensa	pensaba	pensará
1. pensamos	pensábamos	pensaremos
2. pensáis	pensabais	pensaréis
3. piensan	pensaban	pensarán

PRETERITE	PERFECT	PLUPERFECT
1. pensé	he pensado	había pensado
2. pensaste	has pensado	habías pensado
3. pensó	ha pensado	había pensado
1. pensamos	hemos pensado	habíamos pensado
2. pensasteis	habéis pensado	habíais pensado
3. pensaron	han pensado	habían pensado

PAST ANTERIOR	FUTURE PERFECT
hube pensado etc	habré pensado etc

CONDITIONAL / *IMPERATIVE*

PRESENT	PAST	
1. pensaría	habría pensado	
2. pensarías	habrías pensado	(tú) piensa
3. pensaría	habría pensado	(Vd) piense
1. pensaríamos	habríamos pensado	(nosotros) pensemos
2. pensaríais	habríais pensado	(vosotros) pensad
3. pensarían	habrían pensado	(Vds) piensen

SUBJUNCTIVE

PRESENT	IMPERFECT	PLUPERFECT
1. piense	pens-ara/ase	hubiera pensado
2. pienses	pens-aras/ases	hubieras pensado
3. piense	pens-ara/ase	hubiera pensado
1. pensemos	pens-áramos/ásemos	hubiéramos pensado
2. penséis	pens-arais/aseis	hubierais pensado
3. piensen	pens-aran/asen	hubieran pensado

PERFECT haya pensado etc

INFINITIVE	*PARTICIPLE*
PRESENT	PRESENT
pensar	pensando
PAST	PAST
haber pensado	pensado

PRESENT	IMPERFECT	FUTURE
1. pierdo	perdía	perderé
2. pierdes	perdías	perderás
3. pierde	perdía	perderá
1. perdemos	perdíamos	perderemos
2. perdéis	perdíais	perderéis
3. pierden	perdían	perderán
PRETERITE	**PERFECT**	**PLUPERFECT**
1. perdí	he perdido	había perdido
2. perdiste	has perdido	habías perdido
3. perdió	ha perdido	había perdido
1. perdimos	hemos perdido	habíamos perdido
2. perdisteis	habéis perdido	habíais perdido
3. perdieron	han perdido	habían perdido
PAST ANTERIOR		**FUTURE PERFECT**
hube perdido etc		habré perdido etc

CONDITIONAL / *IMPERATIVE*

PRESENT	PAST	
1. perdería	habría perdido	
2. perderías	habrías perdido	(tú) pierde
3. perdería	habría perdido	(Vd) pierda
1. perderíamos	habríamos perdido	(nosotros) perdamos
2. perderíais	habríais perdido	(vosotros) perded
3. perderían	habrían perdido	(Vds) pierdan

SUBJUNCTIVE

PRESENT	IMPERFECT	PLUPERFECT
1. pierda	perd-iera/iese	hubiera perdido
2. pierdas	perd-ieras/ieses	hubieras perdido
3. pierda	perd-iera/iese	hubiera perdido
1. perdamos	perd-iéramos/iésemos	hubiéramos perdido
2. perdáis	perd-ierais/ieseis	hubierais perdido
3. pierdan	perd-ieran/iesen	hubieran perdido

PERFECT haya perdido etc

INFINITIVE	*PARTICIPLE*
PRESENT	**PRESENT**
perder	perdiendo
PAST	**PAST**
haber perdido	perdido

PRESENT	IMPERFECT	FUTURE
1. pertenezco	pertenecía	perteneceré
2. perteneces	pertenecías	pertenecerás
3. pertenece	pertenecía	pertenecerá
1. pertenecemos	pertenecíamos	perteneceremos
2. pertenecéis	pertenecíais	perteneceréis
3. pertenecen	pertenecían	pertenecerán

PRETERITE	PERFECT	PLUPERFECT
1. pertenecí	he pertenecido	había pertenecido
2. perteneciste	has pertenecido	habías pertenecido
3. perteneció	ha pertenecido	había pertenecido
1. pertenecimos	hemos pertenecido	habíamos pertenecido
2. pertenecisteis	habéis pertenecido	habíais pertenecido
3. pertenecieron	han pertenecido	habían pertenecido

PAST ANTERIOR

hube pertenecido etc

FUTURE PERFECT

habré pertenecido etc

CONDITIONAL / *IMPERATIVE*

PRESENT	PAST	
1. pertenecería	habría pertenecido	
2. pertenecerías	habrías pertenecido	(tú) pertenece
3. pertenecería	habría pertenecido	(Vd) pertenezca
1. perteneceríamos	habríamos pertenecido	(nosotros) pertenezcamos
2. perteneceríais	habríais pertenecido	(vosotros) perteneced
3. pertenecerían	habrían pertenecido	(Vds) pertenezcan

SUBJUNCTIVE

PRESENT	IMPERFECT	PLUPERFECT
1. pertenezca	pertenec-iera/iese	hubiera pertenecido
2. pertenezcas	pertenec-ieras/ieses	hubieras pertenecido
3. pertenezca	pertenec-iera/iese	hubiera pertenecido
1. pertenezcamos	pertenec-iéramos/iésemos	hubiéramos pertenecido
2. pertenezcáis	pertenec-ierais/ieseis	hubierais pertenecido
3. pertenezcan	pertenec-ieran/iesen	hubieran pertenecido

PERFECT haya pertenecido etc

INFINITIVE	*PARTICIPLE*
PRESENT	**PRESENT**
pertenecer	perteneciendo
PAST	**PAST**
haber pertenecido	pertenecido

PRESENT	IMPERFECT	FUTURE
1. puedo	podía	podré
2. puedes	podías	podrás
3. puede	podía	podrá
1. podemos	podíamos	podremos
2. podéis	podíais	podréis
3. pueden	podían	podrán

PRETERITE	PERFECT	PLUPERFECT
1. pude	he podido	había podido
2. pudiste	has podido	habías podido
3. pudo	ha podido	había podido
1. pudimos	hemos podido	habíamos podido
2. pudisteis	habéis podido	habíais podido
3. pudieron	han podido	habían podido

PAST ANTERIOR		FUTURE PERFECT
hube podido etc		habré podido etc

CONDITIONAL | *IMPERATIVE*

PRESENT	PAST	
1. podría	habría podido	
2. podrías	habrías podido	(tú) puede
3. podría	habría podido	(Vd) pueda
1. podríamos	habríamos podido	(nosotros) podamos
2. podríais	habríais podido	(vosotros) poded
3. podrían	habrían podido	(Vds) puedan

SUBJUNCTIVE

PRESENT	IMPERFECT	PLUPERFECT
1. pueda	pud-iera/iese	hubiera podido
2. puedas	pud-ieras/ieses	hubieras podido
3. pueda	pud-iera/iese	hubiera podido
1. podamos	pud-iéramos/iésemos	hubiéramos podido
2. podáis	pud-ierais/ieseis	hubierais podido
3. puedan	pud-ieran/iesen	hubieran podido

PERFECT haya podido etc

INFINITIVE	*PARTICIPLE*
PRESENT	PRESENT
poder	pudiendo
PAST	PAST
haber podido	podido

PONER to put **153**

PRESENT	IMPERFECT	FUTURE
1. pongo	ponía	pondré
2. pones	ponías	pondrás
3. pone	ponía	pondrá
1. ponemos	poníamos	pondremos
2. ponéis	poníais	pondréis
3. ponen	ponían	pondrán

PRETERITE	PERFECT	PLUPERFECT
1. puse	he puesto	habia puesto
2. pusiste	has puesto	habías puesto
3. puso	ha puesto	había puesto
1. pusimos	hemos puesto	habíamos puesto
2. pusisteis	habéis puesto	habíais puesto
3. pusieron	han puesto	habían puesto

PAST ANTERIOR	FUTURE PERFECT
hube puesto etc	habré puesto etc

CONDITIONAL		*IMPERATIVE*
PRESENT	PAST	
1. pondría	habría puesto	
2. pondrías	habrías puesto	(tú) pon
3. pondría	habría puesto	(Vd) ponga
1. pondríamos	habríamos puesto	(nosotros) pongamos
2. pondríais	habríais puesto	(vosotros) poned
3. pondrían	habrían puesto	(Vds) pongan

SUBJUNCTIVE

PRESENT	IMPERFECT	PLUPERFECT
1. ponga	pus-iera/iese	hubiera puesto
2. pongas	pus-ieras/ieses	hubieras puesto
3. ponga	pus-iera/iese	hubiera puesto
1. pongamos	pus-iéramos/iésemos	hubiéramos puesto
2. pongáis	pus-ierais/ieseis	hubierais puesto
3. pongan	pus-ieran/iesen	hubieran puesto

PERFECT haya puesto etc

INFINITIVE	*PARTICIPLE*
PRESENT	PRESENT
poner	poniendo
PAST	PAST
haber puesto	puesto

PRESENT	IMPERFECT	FUTURE
1. prefiero	prefería	preferiré
2. prefieres	preferías	preferirás
3. prefiere	prefería	preferirá
1. preferimos	preferíamos	preferiremos
2. preferís	preferíais	preferiréis
3. prefieren	preferían	preferirán

PRETERITE	PERFECT	PLUPERFECT
1. preferí	he preferido	había preferido
2. preferiste	has preferido	habías preferido
3. prefirió	ha preferido	había preferido
1. preferimos	hemos preferido	habíamos preferido
2. preferisteis	habéis preferido	habíais preferido
3. preferieron	han preferido	habían preferido

PAST ANTERIOR
hube preferido etc

FUTURE PERFECT
habré preferido etc

CONDITIONAL

PRESENT	PAST	*IMPERATIVE*
1. preferiría	habría preferido	
2. preferirías	habrías preferido	(tú) prefiere
3. preferiría	habría preferido	(Vd) prefiera
1. preferiríamos	habríamos preferido	(nosotros) prefiramos
2. preferiríais	habríais preferido	(vosotros) preferid
3. preferirían	habrían preferido	(Vds) prefieran

SUBJUNCTIVE

PRESENT	IMPERFECT	PLUPERFECT
1. prefiera	prefir-iera/iese	hubiera preferido
2. prefieras	prefir-ieras/ieses	hubieras preferido
3. prefiera	prefir-iera/iese	hubiera preferido
1. prefiramos	prefir-iéramos/iésemos	hubiéramos preferido
2. prefiráis	prefir-ierais/ieseis	hubierais preferido
3. prefieran	prefir-ieran/iesen	hubieran preferido

PERFECT haya preferido etc

INFINITIVE	*PARTICIPLE*
PRESENT	**PRESENT**
preferir	prefiriendo
PAST	**PAST**
haber preferido	preferido

PROBAR to try, to taste

PRESENT	IMPERFECT	FUTURE
1. pruebo	probaba	probaré
2. pruebas	probabas	probarás
3. prueba	probaba	probará
1. probamos	probábamos	probaremos
2. probáis	probabais	probaréis
3. prueban	probaban	probarán

PRETERITE	PERFECT	PLUPERFECT
1. probé	he probado	había probado
2. probaste	has probado	habías probado
3. probó	ha probado	había probado
1. probamos	hemos probado	habíamos probado
2. probasteis	habéis probado	habíais probado
3. probaron	han probado	habían probado

PAST ANTERIOR
hube probado etc

FUTURE PERFECT
habré probado etc

CONDITIONAL

PRESENT	PAST
1. probaría	habría probado
2. probarías	habrías probado
3. probaría	habría probado
1. probaríamos	habríamos probado
2. probaríais	habríais probado
3. probarían	habrían probado

IMPERATIVE

(tú) prueba
(Vd) pruebe
(nosotros) probemos
(vosotros) probad
(Vds) prueben

SUBJUNCTIVE

PRESENT	IMPERFECT	PLUPERFECT
1. pruebe	prob-ara/ase	hubiera probado
2. pruebes	prob-aras/ases	hubieras probado
3. pruebe	prob-ara/ase	hubiera probado
1. probemos	prob-áramos/ásemos	hubiéramos probado
2. probéis	prob-arais/aseis	hubierais probado
3. prueben	prob-aran/asen	hubieran probado

PERFECT haya probado etc

INFINITIVE	*PARTICIPLE*
PRESENT	**PRESENT**
probar	probando
PAST	**PAST**
haber probado	probado

PRESENT	IMPERFECT	FUTURE
1. prohíbo	prohibía	prohibiré
2. prohíbes	prohibías	prohibirás
3. prohíbe	prohibía	prohibirá
1. prohibimos	prohibíamos	prohibiremos
2. prohibís	prohibíais	prohibiréis
3. prohíben	prohibían	prohibirán

PRETERITE	PERFECT	PLUPERFECT
1. prohibí	he prohibido	había prohibido
2. prohibiste	has prohibido	habías prohibido
3. prohibió	ha prohibido	había prohibido
1. prohibimos	hemos prohibido	habíamos prohibido
2. prohibisteis	habéis prohibido	habíais prohibido
3. prohibieron	han prohibido	habían prohibido

PAST ANTERIOR
hube prohibido etc

FUTURE PERFECT
habré prohibido etc

CONDITIONAL

PRESENT	PAST
1. prohibiría	habría prohibido
2. prohibirías	habrías prohibido
3. prohibiría	habría prohibido
1. prohibiríamos	habríamos prohibido
2. prohibiríais	habríais prohibido
3. prohibirían	habrían prohibido

IMPERATIVE

(tú) prohíbe
(Vd) prohíba
(nosotros) prohibamos
(vosotros) prohibid
(Vds) prohíban

SUBJUNCTIVE

PRESENT	IMPERFECT	PLUPERFECT
1. prohíba	prohib-iera/iese	hubiera prohibido
2. prohíbas	prohib-ieras/ieses	hubieras prohibido
3. prohíba	prohib-iera/iese	hubiera prohibido
1. prohibamos	prohib-iéramos/iésemos	hubiéramos prohibido
2. prohibáis	prohib-ierais/ieseis	hubierais prohibido
3. prohíban	prohib-ieran/iesen	hubieran prohibido

PERFECT haya prohibido etc

INFINITIVE

PRESENT
prohibir

PAST
haber prohibido

PARTICIPLE

PRESENT
prohibiendo

PAST
prohibido

PROTEGER to protect

PRESENT	IMPERFECT	FUTURE
1. protejo	protegía	protegeré
2. proteges	protegías	protegerás
3. protege	protegía	protegerá
1. protegemos	protegíamos	protegeremos
2. protegéis	protegíais	protegeréis
3. protegen	protegían	protegerán
PRETERITE	**PERFECT**	**PLUPERFECT**
1. protegí	he protegido	había protegido
2. protegiste	has protegido	habías protegido
3. protegió	ha protegido	había protegido
1. protegimos	hemos protegido	habíamos protegido
2. protegisteis	habéis protegido	habíais protegido
3. protegieron	han protegido	habían protegido
PAST ANTERIOR		**FUTURE PERFECT**
hube protegido etc		habré protegido etc

CONDITIONAL / *IMPERATIVE*

PRESENT	PAST	IMPERATIVE
1. protegería	habría protegido	
2. protegerías	habrías protegido	(tú) protege
3. protegería	habría protegido	(Vd) proteja
1. protegeríamos	habríamos protegido	(nosotros) protejamos
2. protegeríais	habríais protegido	(vosotros) proteged
3. protegerían	habrían protegido	(Vds) protejan

SUBJUNCTIVE

PRESENT	IMPERFECT	PLUPERFECT
1. proteja	proteg-iera/iese	hubiera protegido
2. protejas	proteg-ieras/ieses	hubieras protegido
3. proteja	proteg-iera/iese	hubiera protegido
1. protejamos	proteg-iéramos/iésemos	hubiéramos protegido
2. protejáis	proteg-ierais/ieseis	hubierais protegido
3. protejan	proteg-ieran/iesen	hubieran protegido

PERFECT haya protegido etc

INFINITIVE	*PARTICIPLE*
PRESENT	**PRESENT**
proteger	protegiendo
PAST	**PAST**
haber protegido	protegido

PRESENT	IMPERFECT	FUTURE
1. pudro	pudría	pudriré
2. pudres	pudrías	pudrirás
3. pudre	pudría	pudrirá
1. pudrimos	pudríamos	pudriremos
2. pudrís	pudríais	pudriréis
3. pudren	pudrían	pudrirán

PRETERITE	PERFECT	PLUPERFECT
1. pudrí	he podrido	había podrido
2. pudriste	has podrido	habías podrido
3. pudrió	ha podrido	había podrido
1. pudrimos	hemos podrido	habíamos podrido
2. pudristeis	habéis podrido	habíais podrido
3. pudrieron	han podrido	habían podrido

PAST ANTERIOR
hube podrido etc

FUTURE PERFECT
habré podrido etc

CONDITIONAL

PRESENT	PAST	*IMPERATIVE*
1. pudriría	habría podrido	
2. pudrirías	habrías podrido	(tú) pudre
3. pudriría	habría podrido	(Vd) pudra
1. pudriríamos	habríamos podrido	(nosotros) pudramos
2. pudriríais	habríais podrido	(vosotros) pudrid
3. pudrirían	habrían podrido	(Vds) pudran

SUBJUNCTIVE

PRESENT	IMPERFECT	PLUPERFECT
1. pudra	pudr-iera/iese	hubiera podrido
2. pudras	pudr-ieras/ieses	hubieras podrido
3. pudra	pudr-iera/iese	hubiera podrido
1. pudramos	pudr-iéramos/iésemos	hubiéramos podrido
2. pudráis	pudr-ierais/ieseis	hubierais podrido
3. pudran	pudr-ieran/iesen	hubieran podrido

PERFECT haya podrido etc

INFINITIVE	*PARTICIPLE*
PRESENT	**PRESENT**
pudrir	pudriendo
PAST	**PAST**
haber podrido	podrido

PRESENT	IMPERFECT	FUTURE
1. quiero	quería	querré
2. quieres	querías	querrás
3. quiere	quería	querrá
1. queremos	queríamos	querremos
2. queréis	queríais	querréis
3. quieren	querían	querrán

PRETERITE	PERFECT	PLUPERFECT
1. quise	he querido	había querido
2. quisiste	has querido	habías querido
3. quiso	ha querido	había querido
1. quisimos	hemos querido	habíamos querido
2. quisisteis	habéis querido	habíais querido
3. quisieron	han querido	habían querido

PAST ANTERIOR
hube querido etc

FUTURE PERFECT
habré querido etc

CONDITIONAL / *IMPERATIVE*

PRESENT	PAST	
1. querría	habría querido	
2. querrías	habrías querido	(tú) quiere
3. querría	habría querido	(Vd) quiera
1. querríamos	habríamos querido	(nosotros) queramos
2. querríais	habríais querido	(vosotros) quered
3. querrían	habrían querido	(Vds) quieran

SUBJUNCTIVE

PRESENT	IMPERFECT	PLUPERFECT
1. quiera	quis-iera/iese	hubiera querido
2. quieras	quis-ieras/ieses	hubieras querido
3. quiera	quis-iera/iese	hubiera querido
1. queramos	quis-iéramos/iésemos	hubiéramos querido
2. queráis	quis-ierais/ieseis	hubierais querido
3. quieran	quis-ieran/iesen	hubieran querido

PERFECT haya querido etc

INFINITIVE	*PARTICIPLE*
PRESENT	**PRESENT**
querer	queriendo
PAST	**PAST**
haber querido	querido

PRESENT	IMPERFECT	FUTURE
1. recibo	recibía	recibiré
2. recibes	recibías	recibirás
3. recibe	recibía	recibirá
1. recibimos	recibíamos	recibiremos
2. recibís	recibíais	recibiréis
3. reciben	recibían	recibirán
PRETERITE	**PERFECT**	**PLUPERFECT**
1. recibí	he recibido	había recibido
2. recibiste	has recibido	habías recibido
3. recibió	ha recibido	había recibido
1. recibimos	hemos recibido	habíamos recibido
2. recibisteis	habéis recibido	habíais recibido
3. recibieron	han recibido	habían recibido
PAST ANTERIOR		**FUTURE PERFECT**
hube recibido etc		habré recibido etc

CONDITIONAL / *IMPERATIVE*

PRESENT	PAST	IMPERATIVE
1. recibiría	habría recibido	
2. recibirías	habrías recibido	(tú) recibe
3. recibiría	habría recibido	(Vd) reciba
1. recibiríamos	habríamos recibido	(nosotros) recibamos
2. recibiríais	habríais recibido	(vosotros) recibid
3. recibirían	habrían recibido	(Vds) reciban

SUBJUNCTIVE

PRESENT	IMPERFECT	PLUPERFECT
1. reciba	recib-iera/iese	hubiera recibido
2. recibas	recib-ieras/ieses	hubieras recibido
3. reciba	recib-iera/iese	hubiera recibido
1. recibamos	recib-iéramos/iésemos	hubiéramos recibido
2. recibáis	recib-ierais/ieseis	hubierais recibido
3. reciban	recib-ieran/iesen	hubieran recibido

PERFECT haya recibido etc

INFINITIVE	*PARTICIPLE*
PRESENT	**PRESENT**
recibir	recibiendo
PAST	**PAST**
haber recibido	recibido

PRESENT	IMPERFECT	FUTURE
1. recuerdo	recordaba	recordaré
2. recuerdas	recordabas	recordarás
3. recuerda	recordaba	recordará
1. recordamos	recordábamos	recordaremos
2. recordáis	recordabais	recordaréis
3. recuerdan	recordaban	recordarán

PRETERITE	PERFECT	PLUPERFECT
1. recordé	he recordado	había recordado
2. recordaste	has recordado	habías recordado
3. recordó	ha recordado	había recordado
1. recordamos	hemos recordado	habíamos recordado
2. recordasteis	habéis recordado	habíais recordado
3. recordaron	han recordado	habían recordado

PAST ANTERIOR		FUTURE PERFECT
hube recordado etc		habré recordado etc

CONDITIONAL		*IMPERATIVE*
PRESENT	PAST	
1. recordaría	habría recordado	
2. recordarías	habrías recordado	(tú) recuerda
3. recordaría	habría recordado	(Vd) recuerde
1. recordaríamos	habríamos recordado	(nosotros) recordemos
2. recordaríais	habríais recordado	(vosotros) recordad
3. recordarían	habrían recordado	(Vds) recuerden

SUBJUNCTIVE

PRESENT	IMPERFECT	PLUPERFECT
1. recuerde	record-ara/ase	hubiera recordado
2. recuerdes	record-aras/ases	hubieras recordado
3. recuerde	record-ara/ase	hubiera recordado
1. recordemos	record-áramos/ásemos	hubiéramos recordado
2. recordéis	record-arais/aseis	hubierais recordado
3. recuerden	record-aran/asen	hubieran recordado

PERFECT haya recordado etc

INFINITIVE	*PARTICIPLE*
PRESENT	PRESENT
recordar	recordando
PAST	PAST
haber recordado	recordado

PRESENT	IMPERFECT	FUTURE
1. reduzco	reducía	reduciré
2. reduces	reducías	reducirás
3. reduce	reducía	reducirá
1. reducimos	reducíamos	reduciremos
2. reducís	reducíais	reduciréis
3. reducen	reducían	reducirán

PRETERITE	PERFECT	PLUPERFECT
1. reduje	he reducido	había reducido
2. redujiste	has reducido	habías reducido
3. redujo	ha reducido	había reducido
1. redujimos	hemos reducido	habíamos reducido
2. redujisteis	habéis reducido	habíais reducido
3. redujeron	han reducido	habían reducido

PAST ANTERIOR	FUTURE PERFECT
hube reducido etc	habré reducido etc

CONDITIONAL / *IMPERATIVE*

PRESENT	PAST	
1. reduciría	habría reducido	
2. reducirías	habrías reducido	(tú) reduce
3. reduciría	habría reducido	(Vd) reduzca
1. reduciríamos	habríamos reducido	(nosotros) reduzcamos
2. reduciríais	habríais reducido	(vosotros) reducid
3. reducirían	habrían reducido	(Vds) reduzcan

SUBJUNCTIVE

PRESENT	IMPERFECT	PLUPERFECT
1. reduzca	reduj-era/ese	hubiera reducido
2. reduzcas	reduj-eras/eses	hubieras reducido
3. reduzca	reduj-era/ese	hubiera reducido
1. reduzcamos	reduj-éramos/ésemos	hubiéramos reducido
2. reduzcáis	reduj-erais/eseis	hubierais reducido
3. reduzcan	reduj-eran/esen	hubieran reducido

PERFECT haya reducido etc

INFINITIVE	*PARTICIPLE*
PRESENT	PRESENT
reducir	reduciendo
PAST	PAST
haber reducido	reducido

REHUIR to shun, to avoid

PRESENT	IMPERFECT	FUTURE
1. rehúyo	rehuía	rehuiré
2. rehúyes	rehuías	rehuirás
3. rehúye	rehuía	rehuirá
1. rehuimos	rehuíamos	rehuiremos
2. rehuís	rehuíais	rehuiréis
3. rehúyen	rehuían	rehuirán

PRETERITE	PERFECT	PLUPERFECT
1. rehuí	he rehuido	había rehuido
2. rehuiste	has rehuido	habías rehuido
3. rehuyó	ha rehuido	había rehuido
1. rehuimos	hemos rehuido	habíamos rehuido
2. rehuisteis	habéis rehuido	habíais rehuido
3. rehuyeron	han rehuido	habían rehuido

PAST ANTERIOR
hube rehuido etc

FUTURE PERFECT
habré rehuido etc

CONDITIONAL

PRESENT	PAST
1. rehuiría	habría rehuido
2. rehuirías	habrías rehuido
3. rehuiría	habría rehuido
1. rehuiríamos	habríamos rehuido
2. rehuiríais	habríais rehuido
3. rehuirían	habrían rehuido

IMPERATIVE

(tú) rehúye
(Vd) rehúya
(nosotros) rehuyamos
(vosotros) rehuid
(Vds) rehúyan

SUBJUNCTIVE

PRESENT	IMPERFECT	PLUPERFECT
1. rehúya	rehu-yera/yese	hubiera rehuido
2. rehúyas	rehu-yeras/yeses	hubieras rehuido
3. rehúya	rehu-yera/yese	hubiera rehuido
1. rehuyamos	rehu-yéramos/yésemos	hubiéramos rehuido
2. rehuyáis	rehu-yerais/yeseis	hubierais rehuido
3. rehúyan	rehu-yeran/yesen	hubieran rehuido

PERFECT haya rehuido etc

INFINITIVE	*PARTICIPLE*
PRESENT	**PRESENT**
rehuir	rehuyendo
PAST	**PAST**
haber rehuido	rehuido

PRESENT	IMPERFECT	FUTURE
1. rehúso	rehusaba	rehusaré
2. rehúsas	rehusabas	rehusarás
3. rehúsa	rehusaba	rehusará
1. rehusamos	rehusábamos	rehusaremos
2. rehusáis	rehusabais	rehusaréis
3. rehúsan	rehusaban	rehusarán

PRETERITE	PERFECT	PLUPERFECT
1. rehusé	he rehusado	había rehusado
2. rehusaste	has rehusado	habías rehusado
3. rehusó	ha rehusado	había rehusado
1. rehusamos	hemos rehusado	habíamos rehusado
2. rehusasteis	habéis rehusado	habíais rehusado
3. rehusaron	han rehusado	habían rehusado

PAST ANTERIOR		FUTURE PERFECT
hube rehusado etc		habré rehusado etc

CONDITIONAL		*IMPERATIVE*
PRESENT	PAST	
1. rehusaría	habría rehusado	
2. rehusarías	habrías rehusado	(tú) rehúsa
3. rehusaría	habría rehusado	(Vd) rehúse
1. rehusaríamos	habríamos rehusado	(nosotros) rehusemos
2. rehusaríais	habríais rehusado	(vosotros) rehusad
3. rehusarían	habrían rehusado	(Vds) rehúsen

SUBJUNCTIVE

PRESENT	IMPERFECT	PLUPERFECT
1. rehúse	rehus-ara/ase	hubiera rehusado
2. rehúses	rehus-aras/ases	hubieras rehusado
3. rehúse	rehus-ara/ase	hubiera rehusado
1. rehusemos	rehus-áramos/ásemos	hubiéramos rehusado
2. rehuséis	rehus-arais/aseis	hubierais rehusado
3. rehúsen	rehus-aran/asen	hubieran rehusado

PERFECT haya rehusado etc

INFINITIVE	*PARTICIPLE*
PRESENT	PRESENT
rehusar	rehusando
PAST	PAST
haber rehusado	rehusado

PRESENT	IMPERFECT	FUTURE
1. río	reía	reiré
2. ríes	reías	reirás
3. ríe	reía	reirá
1. reímos	reíamos	reiremos
2. reís	reíais	reiréis
3. ríen	reían	reirán
PRETERITE	**PERFECT**	**PLUPERFECT**
1. reí	he reído	había reído
2. reíste	has reído	habías reído
3. rió	ha reído	había reído
1. reímos	hemos reído	habíamos reído
2. reísteis	habéis reído	habíais reído
3. rieron	han reído	habían reído
PAST ANTERIOR		**FUTURE PERFECT**
hube reído etc		habré reído etc

CONDITIONAL		*IMPERATIVE*
PRESENT	**PAST**	
1. reiría	habría reído	
2. reirías	habrías reído	(tú) ríe
3. reiría	habría reído	(Vd) ría
1. reiríamos	habríamos reído	(nosotros) riamos
2. reiríais	habríais reído	(vosotros) reíd
3. reirían	habrían reído	(Vds) rían

SUBJUNCTIVE

PRESENT	IMPERFECT	PLUPERFECT
1. ría	ri-era/ese	hubiera reído
2. rías	ri-eras/eses	hubieras reído
3. ría	ri-era/ese	hubiera reído
1. riamos	ri-éramos/ésemos	hubiéramos reído
2. riáis	ri-erais/eseis	hubierais reído
3. rían	ri-eran/esen	hubieran reído

PERFECT haya reído etc

INFINITIVE	*PARTICIPLE*
PRESENT	**PRESENT**
reír	riendo
PAST	**PAST**
haber reído	reído

PRESENT	IMPERFECT	FUTURE
1. renuevo	renovaba	renovaré
2. renuevas	renovabas	renovarás
3. renueva	renovaba	renovará
1. renovamos	renovábamos	renovaremos
2. renováis	renovabais	renovaréis
3. renuevan	renovaban	renovarán

PRETERITE	PERFECT	PLUPERFECT
1. renové	he renovado	había renovado
2. renovaste	has renovado	habías renovado
3. renovó	ha renovado	había renovado
1. renovamos	hemos renovado	habíamos renovado
2. renovasteis	habéis renovado	habíais renovado
3. renovaron	han renovado	habían renovado

PAST ANTERIOR
hube renovado etc

FUTURE PERFECT
habré renovado etc

CONDITIONAL

PRESENT	PAST	*IMPERATIVE*
1. renovaría	habría renovado	
2. renovarías	habrías renovado	(tú) renueva
3. renovaría	habría renovado	(Vd) renueve
1. renovaríamos	habríamos renovado	(nosotros) renovemos
2. renovaríais	habríais renovado	(vosotros) renovad
3. renovarían	habrían renovado	(Vds) renueven

SUBJUNCTIVE

PRESENT	IMPERFECT	PLUPERFECT
1. renueve	renov-ara/ase	hubiera renovado
2. renueves	renov-aras/ases	hubieras renovado
3. renueve	renov-ara/ase	hubiera renovado
1. renovemos	renov-áramos/ásemos	hubiéramos renovado
2. renovéis	renov-arais/aseis	hubierais renovado
3. renueven	renov-aran/asen	hubieran renovado

PERFECT haya renovado etc

INFINITIVE	*PARTICIPLE*
PRESENT	**PRESENT**
renovar	renovando
PAST	**PAST**
haber renovado	renovado

PRESENT	IMPERFECT	FUTURE
1. riño	reñía	reñiré
2. riñes	reñías	reñirás
3. riñe	reñía	reñirá
1. reñimos	reñíamos	reñiremos
2. reñís	reñíais	reñiréis
3. riñen	reñían	reñirán
PRETERITE	**PERFECT**	**PLUPERFECT**
1. reñí	he reñido	había reñido
2. reñiste	has reñido	habías reñido
3. riñó	ha reñido	había reñido
1. reñimos	hemos reñido	habíamos reñido
2. reñisteis	habéis reñido	habíais reñido
3. riñeron	han reñido	habían reñido
PAST ANTERIOR		**FUTURE PERFECT**
hube reñido etc		habré reñido etc

CONDITIONAL / *IMPERATIVE*

PRESENT	PAST	
1. reñiría	habría reñido	
2. reñirías	habrías reñido	(tú) riñe
3. reñiría	habría reñido	(Vd) riña
1. reñiríamos	habríamos reñido	(nosotros) riñamos
2. reñiríais	habríais reñido	(vosotros) reñid
3. reñirían	habrían reñido	(Vds) riñan

SUBJUNCTIVE

PRESENT	IMPERFECT	PLUPERFECT
1. riña	riñ-era/ese	hubiera reñido
2. riñas	riñ-eras/eses	hubieras reñido
3. riña	riñ-era/ese	hubiera reñido
1. riñamos	riñ-éramos/ésemos	hubiéramos reñido
2. riñáis	riñ-erais/eseis	hubierais reñido
3. riñan	riñ-eran/esen	hubieran reñido

PERFECT haya reñido etc

INFINITIVE	*PARTICIPLE*
PRESENT	**PRESENT**
reñir	riñendo
PAST	**PAST**
haber reñido	reñido

PRESENT	IMPERFECT	FUTURE
1. repito	repetía	repetiré
2. repites	repetías	repetirás
3. repite	repetía	repetirá
1. repetimos	repetíamos	repetiremos
2. repetís	repetíais	repetiréis
3. repiten	repetían	repetirán
PRETERITE	**PERFECT**	**PLUPERFECT**
1. repetí	he repetido	había repetido
2. repetiste	has repetido	habías repetido
3. repitió	ha repetido	había repetido
1. repetimos	hemos repetido	habíamos repetido
2. repetisteis	habéis repetido	habíais repetido
3. repitieron	han repetido	habían repetido
PAST ANTERIOR		**FUTURE PERFECT**
hube repetido etc		habré repetido etc

CONDITIONAL		*IMPERATIVE*
PRESENT	**PAST**	
1. repetiría	habría repetido	
2. repetirías	habrías repetido	(tú) repite
3. repetiría	habría repetido	(Vd) repita
1. repetiríamos	habríamos repetido	(nosotros) repitamos
2. repetiríais	habríais repetido	(vosotros) repetid
3. repetirían	habrían repetido	(Vds) repitan

SUBJUNCTIVE

PRESENT	IMPERFECT	PLUPERFECT
1. repita	repit-iera/iese	hubiera repetido
2. repitas	repit-ieras/ieses	hubieras repetido
3. repita	repit-iera/iese	hubiera repetido
1. repitamos	repit-iéramos/iésemos	hubiéramos repetido
2. repitáis	repit-ierais/ieseis	hubierais repetido
3. repitan	repit-ieran/iesen	hubieran repetido

PERFECT haya repetido etc

INFINITIVE	*PARTICIPLE*
PRESENT	**PRESENT**
repetir	repitiendo
PAST	**PAST**
haber repetido	repetido

PRESENT	IMPERFECT	FUTURE
1. reúno	reunía	reuniré
2. reúnes	reunías	reunirás
3. reúne	reunía	reunirá
1. reunimos	reuníamos	reuniremos
2. reunís	reuníais	reuniréis
3. reúnen	reunían	reunirán

PRETERITE	PERFECT	PLUPERFECT
1. reuní	he reunido	había reunido
2. reuniste	has reunido	habías reunido
3. reunió	ha reunido	había reunido
1. reunimos	hemos reunido	habíamos reunido
2. reunisteis	habéis reunido	habíais reunido
3. reunieron	han reunido	habían reunido

PAST ANTERIOR

hube reunido etc

FUTURE PERFECT

habré reunido etc

CONDITIONAL

PRESENT	PAST	*IMPERATIVE*
1. reuniría	habría reunido	
2. reunirías	habrías reunido	(tú) reúne
3. reuniría	habría reunido	(Vd) reúna
1. reuniríamos	habríamos reunido	(nosotros) reunamos
2. reuniríais	habríais reunido	(vosotros) reunid
3. reunirían	habrían reunido	(Vds) reúnan

SUBJUNCTIVE

PRESENT	IMPERFECT	PLUPERFECT
1. reúna	reun-iera/iese	hubiera reunido
2. reúnas	reun-ieras/ieses	hubieras reunido
3. reúna	reun-iera/iese	hubiera reunido
1. reunamos	reun-iéramos/iésemos	hubiéramos reunido
2. reunáis	reun-ierais/ieseis	hubierais reunido
3. reúnan	reun-ieran/iesen	hubieran reunido

PERFECT haya reunido etc

INFINITIVE	*PARTICIPLE*
PRESENT	**PRESENT**
reunir	reuniendo
PAST	**PAST**
haber reunido	reunido

PRESENT	IMPERFECT	FUTURE
1. roo/roigo/royo	roía	roeré
2. roes	roías	roerás
3. roe	roía	roerá
1. roemos	roíamos	roeremos
2. roéis	roíais	roeréis
3. roen	roían	roerán

PRETERITE	PERFECT	PLUPERFECT
1. roí	he roído	había roído
2. roíste	has roído	habías roído
3. royó	ha roído	había roído
1. roímos	hemos roído	habíamos roído
2. roísteis	habéis roído	habíais roído
3. royeron	han roído	habían roído

PAST ANTERIOR
hube roído etc

FUTURE PERFECT
habré roído etc

CONDITIONAL

PRESENT	PAST	*IMPERATIVE*
1. roería	habría roído	
2. roerías	habrías roído	(tú) roe
3. roería	habría roído	(Vd) roa
1. roeríamos	habríamos roído	(nosotros) roamos
2. roeríais	habríais roído	(vosotros) roed
3. roerían	habrían roído	(Vds) roan

SUBJUNCTIVE

PRESENT	IMPERFECT	PLUPERFECT
1. roa/roiga/roya	ro-yera/yese	hubiera roído
2. roas	ro-yeras/yeses	hubieras roído
3. roa	ro-yera/yese	hubiera roído
1. roamos	ro-yéramos/yésemos	hubiéramos roído
2. roáis	ro-yerais/yeseis	hubierais roído
3. roan	ro-yeran/yesen	hubieran roído

PERFECT haya roído etc

INFINITIVE	*PARTICIPLE*
PRESENT	**PRESENT**
roer	royendo
PAST	**PAST**
haber roído	roído

ROGAR to beg

PRESENT	IMPERFECT	FUTURE
1. ruego	rogaba	rogaré
2. ruegas	rogabas	rogarás
3. ruega	rogaba	rogará
1. rogamos	rogábamos	rogaremos
2. rogáis	rogabais	rogaréis
3. ruegan	rogaban	rogarán

PRETERITE	PERFECT	PLUPERFECT
1. rogué	he rogado	había rogado
2. rogaste	has rogado	habías rogado
3. rogó	ha rogado	había rogado
1. rogamos	hemos rogado	habíamos rogado
2. rogasteis	habéis rogado	habíais rogado
3. rogaron	han rogado	habían rogado

PAST ANTERIOR	FUTURE PERFECT
hube rogado etc	habré rogado etc

CONDITIONAL / *IMPERATIVE*

PRESENT	PAST	
1. rogaría	habría rogado	
2. rogarías	habrías rogado	(tú) ruega
3. rogaría	habría rogado	(Vd) ruegue
1. rogaríamos	habríamos rogado	(nosotros) roguemos
2. rogaríais	habríais rogado	(vosotros) rogad
3. rogarían	habrían rogado	(Vds) rueguen

SUBJUNCTIVE

PRESENT	IMPERFECT	PLUPERFECT
1. ruegue	rog-ara/ase	hubiera rogado
2. ruegues	rog-aras/ases	hubieras rogado
3. ruegue	rog-ara/ase	hubiera rogado
1. roguemos	rog-áramos/ásemos	hubiéramos rogado
2. roguéis	rog-arais/aseis	hubierais rogado
3. rueguen	rog-aran/asen	hubieran rogado

PERFECT haya rogado etc

INFINITIVE	*PARTICIPLE*
PRESENT	**PRESENT**
rogar	rogando
PAST	**PAST**
haber rogado	rogado

PRESENT	IMPERFECT	FUTURE
1. rompo	rompía	romperé
2. rompes	rompías	romperás
3. rompe	rompía	romperá
1. rompemos	rompíamos	romperemos
2. rompéis	rompíais	romperéis
3. rompen	rompían	romperán

PRETERITE	PERFECT	PLUPERFECT
1. rompí	he roto	había roto
2. rompiste	has roto	habías roto
3. rompió	ha roto	había roto
1. rompimos	hemos roto	habíamos roto
2. rompisteis	habéis roto	habíais roto
3. rompieron	han roto	habían roto

PAST ANTERIOR
hube roto etc

FUTURE PERFECT
habré roto etc

CONDITIONAL

PRESENT	PAST
1. rompería	habría roto
2. romperías	habrías roto
3. rompería	habría roto
1. romperíamos	habríamos roto
2. romperíais	habríais roto
3. romperían	habrían roto

IMPERATIVE

(tú) rompe
(Vd) rompa
(nosotros) rompamos
(vosotros) romped
(Vds) rompan

SUBJUNCTIVE

PRESENT	IMPERFECT	PLUPERFECT
1. rompa	romp-iera/iese	hubiera roto
2. rompas	romp-ieras/ieses	hubieras roto
3. rompa	romp-iera/iese	hubiera roto
1. rompamos	romp-iéramos/iésemos	hubiéramos roto
2. rompáis	romp-ierais/ieseis	hubierais roto
3. rompan	romp-ieran/iesen	hubieran roto

PERFECT haya roto etc

INFINITIVE	*PARTICIPLE*
PRESENT	**PRESENT**
romper	rompiendo
PAST	**PAST**
haber roto	roto

PRESENT	IMPERFECT	FUTURE
1. sé	sabía	sabré
2. sabes	sabías	sabrás
3. sabe	sabía	sabrá
1. sabemos	sabíamos	sabremos
2. sabéis	sabíais	sabréis
3. saben	sabían	sabrán

PRETERITE	PERFECT	PLUPERFECT
1. supe	he sabido	había sabido
2. supiste	has sabido	habías sabido
3. supo	ha sabido	había sabido
1. supimos	hemos sabido	habíamos sabido
2. supisteis	habéis sabido	habíais sabido
3. supieron	han sabido	habían sabido

PAST ANTERIOR
hube sabido etc

FUTURE PERFECT
habré sabido etc

CONDITIONAL

PRESENT	PAST	*IMPERATIVE*
1. sabría	habría sabido	
2. sabrías	habrías sabido	(tú) sabe
3. sabría	habría sabido	(Vd) sepa
1. sabríamos	habríamos sabido	(nosotros) sepamos
2. sabríais	habríais sabido	(vosotros) sabed
3. sabrían	habrían sabido	(Vds) sepan

SUBJUNCTIVE

PRESENT	IMPERFECT	PLUPERFECT
1. sepa	sup-iera/iese	hubiera sabido
2. sepas	sup-ieras/ieses	hubieras sabido
3. sepa	sup-iera/iese	hubiera sabido
1. sepamos	sup-iéramos/iésemos	hubiéramos sabido
2. sepáis	sup-ierais/ieseis	hubierais sabido
3. sepan	sup-ieran/iesen	hubieran sabido

PERFECT haya sabido etc

INFINITIVE	*PARTICIPLE*
PRESENT	**PRESENT**
saber	sabiendo
PAST	**PAST**
haber sabido	sabido

PRESENT	IMPERFECT	FUTURE
1. saco	sacaba	sacaré
2. sacas	sacabas	sacarás
3. saca	sacaba	sacará
1. sacamos	sacábamos	sacaremos
2. sacáis	sacabais	sacaréis
3. sacan	sacaban	sacarán

PRETERITE	PERFECT	PLUPERFECT
1. saqué	he sacado	había sacado
2. sacaste	has sacado	habías sacado
3. sacó	ha sacado	había sacado
1. sacamos	hemos sacado	habíamos sacado
2. sacasteis	habéis sacado	habíais sacado
3. sacaron	han sacado	habían sacado

PAST ANTERIOR
hube sacado etc

FUTURE PERFECT
habré sacado etc

CONDITIONAL

PRESENT	PAST	*IMPERATIVE*
1. sacaría	habría sacado	
2. sacarías	habrías sacado	(tú) saca
3. sacaría	habría sacado	(Vd) saque
1. sacaríamos	habríamos sacado	(nosotros) saquemos
2. sacaríais	habríais sacado	(vosotros) sacad
3. sacarían	habrían sacado	(Vds) saquen

SUBJUNCTIVE

PRESENT	IMPERFECT	PLUPERFECT
1. saque	sac-ara/ase	hubiera sacado
2. saques	sac-aras/ases	hubieras sacado
3. saque	sac-ara/ase	hubiera sacado
1. saquemos	sac-áramos/ásemos	hubiéramos sacado
2. saquéis	sac-arais/aseis	hubierais sacado
3. saquen	sac-aran/asen	hubieran sacado

PERFECT haya sacado etc

INFINITIVE	*PARTICIPLE*
PRESENT	**PRESENT**
sacar	sacando
PAST	**PAST**
haber sacado	sacado

PRESENT	IMPERFECT	FUTURE
1. salgo	salía	saldré
2. sales	salías	saldrás
3. sale	salía	saldrá
1. salimos	salíamos	saldremos
2. salís	salíais	saldréis
3. salen	salían	saldrán

PRETERITE	PERFECT	PLUPERFECT
1. salí	he salido	había salido
2. saliste	has salido	habías salido
3. salió	ha salido	había salido
1. salimos	hemos salido	habíamos salido
2. salisteis	habéis salido	habíais salido
3. salieron	han salido	habían salido

PAST ANTERIOR
hube salido etc

FUTURE PERFECT
habré salido etc

CONDITIONAL / *IMPERATIVE*

PRESENT	PAST	
1. saldría	habría salido	
2. saldrías	habrías salido	(tú) sal
3. saldría	habría salido	(Vd) salga
1. saldríamos	habríamos salido	(nosotros) salgamos
2. saldríais	habríais salido	(vosotros) salid
3. saldrían	habrían salido	(Vds) salgan

SUBJUNCTIVE

PRESENT	IMPERFECT	PLUPERFECT
1. salga	sal-iera/iese	hubiera salido
2. salgas	sal-ieras/ieses	hubieras salido
3. salga	sal-iera/iese	hubiera salido
1. salgamos	sal-iéramos/iésemos	hubiéramos salido
2. salgáis	sal-ierais/ieseis	hubierais salido
3. salgan	sal-ieran/iesen	hubieran salido

PERFECT haya salido etc

INFINITIVE / *PARTICIPLE*

INFINITIVE	PARTICIPLE
PRESENT salir	**PRESENT** saliendo
PAST haber salido	**PAST** salido

PRESENT	IMPERFECT	FUTURE
1. satisfago	satisfacía	satisfaré
2. satisfaces	satisfacías	satisfarás
3. satisface	satisfacía	satisfará
1. satisfacemos	satisfacíamos	satisfaremos
2. satisfacéis	satisfacíais	satisfaréis
3. satisfacen	satisfacían	satisfarán

PRETERITE	PERFECT	PLUPERFECT
1. satisfice	he satisfecho	había satisfecho
2. satisficiste	has satisfecho	habías satisfecho
3. satisfizo	ha satisfecho	había satisfecho
1. satisficimos	hemos satisfecho	habíamos satisfecho
2. satisficisteis	habéis satisfecho	habíais satisfecho
3. satisficieron	han satisfecho	habían satisfecho

PAST ANTERIOR
hube satisfecho etc

FUTURE PERFECT
habré satisfecho etc

CONDITIONAL

IMPERATIVE

PRESENT	PAST	
1. satisfaría	habría satisfecho	
2. satisfarías	habrías satisfecho	(tú) satisface/satisfaz
3. satisfaría	habría satisfecho	(Vd) satisfaga
1. satisfaríamos	habríamos satisfecho	(nosotros) satisfagamos
2. satisfaríais	habríais satisfecho	(vosotros) satisfaced
3. satisfarían	habrían satisfecho	(Vds) satisfagan

SUBJUNCTIVE

PRESENT	IMPERFECT	PLUPERFECT
1. satisfaga	satisfic-iera/iese	hubiera satisfecho
2. satisfagas	satisfic-ieras/ieses	hubieras satisfecho
3. satisfaga	satisfic-iera/iese	hubiera satisfecho
1. satisfagamos	satisfic-iéramos/iésemos	hubiéramos satisfecho
2. satisfagáis	satisfic-ierais/ieseis	hubierais satisfecho
3. satisfagan	satisfic-ieran/iesen	hubieran satisfecho

PERFECT haya satisfecho etc

INFINITIVE

PRESENT
satisfacer

PAST
haber satisfecho

PARTICIPLE

PRESENT
satisfaciendo

PAST
satisfecho

PRESENT	IMPERFECT	FUTURE
1. seco	secaba	secaré
2. secas	secabas	secarás
3. seca	secaba	secará
1. secamos	secábamos	secaremos
2. secáis	secabais	secaréis
3. secan	secaban	secarán

PRETERITE	PERFECT	PLUPERFECT
1. sequé	he secado	había secado
2. secaste	has secado	habías secado
3. secó	ha secado	había secado
1. secamos	hemos secado	habíamos secado
2. secasteis	habéis secado	habíais secado
3. secaron	han secado	habían secado

PAST ANTERIOR		FUTURE PERFECT
hube secado etc		habré secado etc

CONDITIONAL / *IMPERATIVE*

PRESENT	PAST	
1. secaría	habría secado	
2. secarías	habrías secado	(tú) seca
3. secaría	habría secado	(Vd) seque
1. secaríamos	habríamos secado	(nosotros) sequemos
2. secaríais	habríais secado	(vosotros) secad
3. secarían	habrían secado	(Vds) sequen

SUBJUNCTIVE

PRESENT	IMPERFECT	PLUPERFECT
1. seque	sec-ara/ase	hubiera secado
2. seques	sec-aras/ases	hubieras secado
3. seque	sec-ara/ase	hubiera secado
1. sequemos	sec-áramos/ásemos	hubiéramos secado
2. sequéis	sec-arais/aseis	hubierais secado
3. sequen	sec-aran/asen	hubieran secado

PERFECT haya secado etc

INFINITIVE	*PARTICIPLE*
PRESENT	PRESENT
secar	secando
PAST	PAST
haber secado	secado

SEGUIR to follow

	PRESENT	IMPERFECT	FUTURE
1.	sigo	seguía	seguiré
2.	sigues	seguías	seguirás
3.	sigue	seguía	seguirá
1.	seguimos	seguíamos	seguiremos
2.	seguís	seguíais	seguiréis
3.	siguen	seguían	seguirán

	PRETERITE	PERFECT	PLUPERFECT
1.	seguí	he seguido	había seguido
2.	seguiste	has seguido	habías seguido
3.	siguió	ha seguido	había seguido
1.	seguimos	hemos seguido	habíamos seguido
2.	seguisteis	habéis seguido	habíais seguido
3.	siguieron	han seguido	habían seguido

PAST ANTERIOR
hube seguido etc

FUTURE PERFECT
habré seguido etc

CONDITIONAL

	PRESENT	PAST
1.	seguiría	habría seguido
2.	seguirías	habrías seguido
3.	seguiría	habría seguido
1.	seguiríamos	habríamos seguido
2.	seguiríais	habríais seguido
3.	seguirían	habrían seguido

IMPERATIVE

(tú) sigue
(Vd) siga
(nosotros) sigamos
(vosotros) seguid
(Vds) sigan

SUBJUNCTIVE

	PRESENT	IMPERFECT	PLUPERFECT
1.	siga	sigu-iera/iese	hubiera seguido
2.	sigas	sigu-ieras/ieses	hubieras seguido
3.	siga	sigu-iera/iese	hubiera seguido
1.	sigamos	sigu-iéramos/iésemos	hubiéramos seguido
2.	sigáis	sigu-ierais/ieseis	hubierais seguido
3.	sigan	sigu-ieran/iesen	hubieran seguido

PERFECT haya seguido etc

INFINITIVE

PRESENT
seguir

PAST
haber seguido

PARTICIPLE

PRESENT
siguiendo

PAST
seguido

PRESENT	IMPERFECT	FUTURE
1. me siento	me sentaba	me sentaré
2. te sientas	te sentabas	te sentarás
3. se sienta	se sentaba	se sentará
1. nos sentamos	nos sentábamos	nos sentaremos
2. os sentáis	os sentabais	os sentaréis
3. se sientan	se sentaban	se sentarán

PRETERITE	PERFECT	PLUPERFECT
1. me senté	me he sentado	me había sentado
2. te sentaste	te has sentado	te habías sentado
3. se sentó	se ha sentado	se había sentado
1. nos sentamos	nos hemos sentado	nos habíamos sentado
2. os sentasteis	os habéis sentado	os habíais sentado
3. se sentaron	se han sentado	se habían sentado

PAST ANTERIOR
me hube sentado etc

FUTURE PERFECT
me habré sentado etc

CONDITIONAL

PRESENT	PAST
1. me sentaría	me habría sentado
2. te sentarías	te habrías sentado
3. se sentaría	se habría sentado
1. nos sentaríamos	nos habríamos sentado
2. os sentaríais	os habríais sentado
3. se sentarían	se habrían sentado

IMPERATIVE

(tú) siéntate
(Vd) siéntese
(nosotros) sentémonos
(vosotros) sentaos
(Vds) siéntense

SUBJUNCTIVE

PRESENT	IMPERFECT	PLUPERFECT
1. me siente	me sent-ara/ase	me hubiera sentado
2. te sientes	te sent-aras/ases	te hubieras sentado
3. se siente	se sent-ara/ase	se hubiera sentado
1. nos sentemos	nos sent-áramos/ásemos	nos hubiéramos sentado
2. os sentéis	os sent-arais/aseis	os hubierais sentado
3. se sienten	se sent-aran/asen	se hubieran sentado

PERFECT me haya sentado etc

INFINITIVE	*PARTICIPLE*
PRESENT	**PRESENT**
sentarse	sentándose
PAST	**PAST**
haberse sentado	sentado

SENTIR to feel

PRESENT	IMPERFECT	FUTURE
1. siento	sentía	sentiré
2. sientes	sentías	sentirás
3. siente	sentía	sentirá
1. sentimos	sentíamos	sentiremos
2. sentís	sentíais	sentiréis
3. sienten	sentían	sentirán

PRETERITE	PERFECT	PLUPERFECT
1. sentí	he sentido	había sentido
2. sentiste	has sentido	habías sentido
3. sintió	ha sentido	había sentido
1. sentimos	hemos sentido	habíamos sentido
2. sentisteis	habéis sentido	habíais sentido
3. sintieron	han sentido	habían sentido

PAST ANTERIOR
hube sentido etc

FUTURE PERFECT
habré sentido etc

CONDITIONAL

PRESENT	PAST	*IMPERATIVE*
1. sentiría	habría sentido	
2. sentirías	habrías sentido	(tú) siente
3. sentiría	habría sentido	(Vd) sienta
1. sentiríamos	habríamos sentido	(nosotros) sintamos
2. sentiríais	habríais sentido	(vosotros) sentid
3. sentirían	habrían sentido	(Vds) sientan

SUBJUNCTIVE

PRESENT	IMPERFECT	PLUPERFECT
1. sienta	sint-iera/iese	hubiera sentido
2. sientas	sint-ieras/ieses	hubieras sentido
3. sienta	sint-iera/iese	hubiera sentido
1. sintamos	sint-iéramos/iésemos	hubiéramos sentido
2. sintáis	sint-ierais/ieseis	hubierais sentido
3. sientan	sint-ieran/iesen	hubieran sentido

PERFECT haya sentido etc

INFINITIVE	*PARTICIPLE*
PRESENT	**PRESENT**
sentir	sintiendo
PAST	**PAST**
haber sentido	sentido

PRESENT	IMPERFECT	FUTURE
1. soy	era	seré
2. eres	eras	serás
3. es	era	será
1. somos	éramos	seremos
2. sois	erais	seréis
3. son	eran	serán

PRETERITE	PERFECT	PLUPERFECT
1. fui	he sido	había sido
2. fuiste	has sido	habías sido
3. fue	ha sido	había sido
1. fuimos	hemos sido	habíamos sido
2. fuisteis	habéis sido	habíais sido
3. fueron	han sido	habían sido

PAST ANTERIOR
hube sido etc

FUTURE PERFECT
habré sido etc

CONDITIONAL

PRESENT	PAST
1. sería	habría sido
2. serías	habrías sido
3. sería	habría sido
1. seríamos	habríamos sido
2. seríais	habríais sido
3. serían	habrían sido

IMPERATIVE

(tú) sé
(Vd) sea
(nosotros) seamos
(vosotros) sed
(Vds) sean

SUBJUNCTIVE

PRESENT	IMPERFECT	PLUPERFECT
1. sea	fu-era/ese	hubiera sido
2. seas	fu-eras/eses	hubieras sido
3. sea	fu-era/ese	hubiera sido
1. seamos	fu-éramos/ésemos	hubiéramos sido
2. seáis	fu-erais/eseis	hubierais sido
3. sean	fu-eran/esen	hubieran sido

PERFECT haya sido etc

INFINITIVE

PRESENT
ser

PAST
haber sido

PARTICIPLE

PRESENT
siendo

PAST
sido

PRESENT	IMPERFECT	FUTURE
1. sirvo	servía	serviré
2. sirves	servías	servirás
3. sirve	servía	servirá
1. servimos	servíamos	serviremos
2. servís	servíais	serviréis
3. sirven	servían	servirán

PRETERITE	PERFECT	PLUPERFECT
1. serví	he servido	había servido
2. serviste	has servido	habías servido
3. sirvió	ha servido	había servido
1. servimos	hemos servido	habíamos servido
2. servisteis	habéis servido	habíais servido
3. sirvieron	han servido	habían servido

PAST ANTERIOR
hube servido etc

FUTURE PERFECT
habré servido etc

CONDITIONAL

PRESENT	PAST	*IMPERATIVE*
1. serviría	habría servido	
2. servirías	habrías servido	(tú) sirve
3. serviría	habría servido	(Vd) sirva
1. serviríamos	habríamos servido	(nosotros) sirvamos
2. serviríais	habríais servido	(vosotros) servid
3. servirían	habrían servido	(Vds) sirvan

SUBJUNCTIVE

PRESENT	IMPERFECT	PLUPERFECT
1. sirva	sirv-iera/iese	hubiera servido
2. sirvas	sirv-ieras/ieses	hubieras servido
3. sirva	sirv-iera/iese	hubiera servido
1. sirvamos	sirv-iéramos/iésemos	hubiéramos servido
2. sirváis	sirv-ierais/ieseis	hubierais servido
3. sirvan	sirv-ieran/iesen	hubieran servido

PERFECT haya servido etc

INFINITIVE	*PARTICIPLE*
PRESENT	**PRESENT**
servir	sirviendo
PAST	**PAST**
haber servido	servido

PRESENT	IMPERFECT	FUTURE
1. sitúo	situaba	situaré
2. sitúas	situabas	situarás
3. sitúa	situaba	situará
1. situamos	situábamos	situaremos
2. situáis	situabais	situaréis
3. sitúan	situaban	situarán

PRETERITE	PERFECT	PLUPERFECT
1. situé	he situado	había situado
2. situaste	has situado	habías situado
3. situó	ha situado	había situado
1. situamos	hemos situado	habíamos situado
2. situasteis	habéis situado	habíais situado
3. situaron	han situado	habían situado

PAST ANTERIOR
hube situado etc

FUTURE PERFECT
habré situado etc

CONDITIONAL

PRESENT	PAST	*IMPERATIVE*
1. situaría	habría situado	
2. situarías	habrías situado	(tú) sitúa
3. situaría	habría situado	(Vd) sitúe
1. situaríamos	habríamos situado	(nosotros) situemos
2. situaríais	habríais situado	(vosotros) situad
3. situarían	habrían situado	(Vds) sitúen

SUBJUNCTIVE

PRESENT	IMPERFECT	PLUPERFECT
1. sitúe	situ-ara/ase	hubiera situado
2. sitúes	situ-aras/ases	hubieras situado
3. sitúe	situ-ara/ase	hubiera situado
1. situemos	situ-áramos/ásemos	hubiéramos situado
2. situéis	situ-arais/aseis	hubierais situado
3. sitúen	situ-aran/asen	hubieran situado

PERFECT haya situado etc

INFINITIVE	*PARTICIPLE*
PRESENT	**PRESENT**
situar	situando
PAST	**PAST**
haber situado	situado

SOLER to be in the habit of

PRESENT	IMPERFECT	FUTURE
1. suelo	solía	
2. sueles	solías	
3. suele	solía	
1. solemos	solíamos	
2. soléis	solíais	
3. suelen	solían	

PRETERITE	PERFECT	PLUPERFECT

PAST ANTERIOR	FUTURE PERFECT

CONDITIONAL

PRESENT	PAST

IMPERATIVE

SUBJUNCTIVE

PRESENT	IMPERFECT	PLUPERFECT
1. suela		
2. suelas		
3. suela		
1. solamos		
2. soláis		
3. suelan		

PERFECT

INFINITIVE

PRESENT
soler

PAST

PARTICIPLE

PRESENT

PAST

NOTE

The other tenses rarely occur.

PRESENT	IMPERFECT	FUTURE
1. sueño	soñaba	soñaré
2. sueñas	soñabas	soñarás
3. sueña	soñaba	soñará
1. soñamos	soñábamos	soñaremos
2. soñáis	soñabais	soñaréis
3. sueñan	soñaban	soñarán

PRETERITE	PERFECT	PLUPERFECT
1. soñé	he soñado	había soñado
2. soñaste	has soñado	habías soñado
3. soñó	ha soñado	había soñado
1. soñamos	hemos soñado	habíamos soñado
2. soñasteis	habéis soñado	habíais soñado
3. soñaron	han soñado	habían soñado

PAST ANTERIOR
hube soñado etc

FUTURE PERFECT
habré soñado etc

CONDITIONAL

PRESENT	PAST	*IMPERATIVE*
1. soñaría	habría soñado	
2. soñarías	habrías soñado	(tú) sueña
3. soñaría	habría soñado	(Vd) sueñe
1. soñaríamos	habríamos soñado	(nosotros) soñemos
2. soñaríais	habríais soñado	(vosotros) soñad
3. soñarían	habrían soñado	(Vds) sueñen

SUBJUNCTIVE

PRESENT	IMPERFECT	PLUPERFECT
1. sueñe	soñ-ara/ase	hubiera soñado
2. sueñes	soñ-aras/ases	hubieras soñado
3. sueñe	soñ-ara/ase	hubiera soñado
1. soñemos	soñ-áramos/ásemos	hubiéramos soñado
2. soñéis	soñ-arais/aseis	hubierais soñado
3. sueñen	soñ-aran/asen	hubieran soñado

PERFECT haya soñado etc

INFINITIVE	*PARTICIPLE*
PRESENT	**PRESENT**
soñar	soñando
PAST	**PAST**
haber soñado	soñado

PRESENT	IMPERFECT	FUTURE
1. subo	subía	subiré
2. subes	subías	subirás
3. sube	subía	subirá
1. subimos	subíamos	subiremos
2. subís	subíais	subiréis
3. suben	subían	subirán

PRETERITE	PERFECT	PLUPERFECT
1. subí	he subido	había subido
2. subiste	has subido	habías subido
3. subió	ha subido	había subido
1. subimos	hemos subido	habíamos subido
2. subisteis	habéis subido	habíais subido
3. subieron	han subido	habían subido

PAST ANTERIOR
hube subido etc

FUTURE PERFECT
habré subido etc

CONDITIONAL

PRESENT	PAST
1. subiría	habría subido
2. subirías	habrías subido
3. subiría	habría subido
1. subiríamos	habríamos subido
2. subiríais	habríais subido
3. subirían	habrían subido

IMPERATIVE

(tú) sube
(Vd) suba
(nosotros) subamos
(vosotros) subid
(Vds) suban

SUBJUNCTIVE

PRESENT	IMPERFECT	PLUPERFECT
1. suba	sub-iera/iese	hubiera subido
2. subas	sub-ieras/ieses	hubieras subido
3. suba	sub-iera/iese	hubiera subido
1. subamos	sub-iéramos/iésemos	hubiéramos subido
2. subáis	sub-ierais/ieseis	hubierais subido
3. suban	sub-ieran/iesen	hubieran subido

PERFECT haya subido etc

INFINITIVE	*PARTICIPLE*
PRESENT	**PRESENT**
subir	subiendo
PAST	**PAST**
haber subido	subido

PRESENT	IMPERFECT	FUTURE
1. sugiero	sugería	sugeriré
2. sugieres	sugerías	sugerirás
3. sugiere	sugería	sugerirá
1. sugerimos	sugeríamos	sugeriremos
2. sugerís	sugeríais	sugeriréis
3. sugieren	sugerían	sugerirán

PRETERITE	PERFECT	PLUPERFECT
1. sugerí	he sugerido	había sugerido
2. sugeriste	has sugerido	habías sugerido
3. sugirió	ha sugerido	había sugerido
1. sugerimos	hemos sugerido	habíamos sugerido
2. sugeristeis	habéis sugerido	habíais sugerido
3. sugirieron	han sugerido	habían sugerido

PAST ANTERIOR
hube sugerido etc

FUTURE PERFECT
habré sugerido etc

CONDITIONAL

PRESENT	PAST	*IMPERATIVE*
1. sugeriría	habría sugerido	
2. sugerirías	habrías sugerido	(tú) sugiere
3. sugeriría	habría sugerido	(Vd) sugiera
1. sugeriríamos	habríamos sugerido	(nosotros) sugiramos
2. sugeriríais	habríais sugerido	(vosotros) sugerid
3. sugerirían	habrían sugerido	(Vds) sugieran

SUBJUNCTIVE

PRESENT	IMPERFECT	PLUPERFECT
1. sugiera	sugir-iera/iese	hubiera sugerido
2. sugieras	sugir-ieras/ieses	hubieras sugerido
3. sugiera	sugir-iera/iese	hubiera sugerido
1. sugiramos	sugir-iéramos/iésemos	hubiéramos sugerido
2. sugiráis	sugir-ierais/ieseis	hubierais sugerido
3. sugieran	sugir-ieran/iesen	hubieran sugerido

PERFECT haya sugerido etc

INFINITIVE	*PARTICIPLE*
PRESENT	**PRESENT**
sugerir	sugiriendo
PAST	**PAST**
haber sugerido	sugerido

PRESENT	IMPERFECT	FUTURE
1. taño	tañía	tañeré
2. tañes	tañías	tañerás
3. tañe	tañía	tañerá
1. tañemos	tañíamos	tañeremos
2. tañéis	tañíais	tañeréis
3. tañen	tañían	tañerán

PRETERITE	PERFECT	PLUPERFECT
1. tañí	he tañido	había tañido
2. tañiste	has tañido	habías tañido
3. tañó	ha tañido	había tañido
1. tañimos	hemos tañido	habíamos tañido
2. tañisteis	habéis tañido	habíais tañido
3. tañeron	han tañido	habían tañido

PAST ANTERIOR		FUTURE PERFECT
hube tañido etc		habré tañido etc

CONDITIONAL / *IMPERATIVE*

PRESENT	PAST	
1. tañería	habría tañido	
2. tañerías	habrías tañido	(tú) tañe
3. tañería	habría tañido	(Vd) taña
1. tañeríamos	habríamos tañido	(nosotros) tañamos
2. tañeríais	habríais tañido	(vosotros) tañed
3. tañerían	habrían tañido	(Vds) tañan

SUBJUNCTIVE

PRESENT	IMPERFECT	PLUPERFECT
1. taña	tañ-iera/iese	hubiera tañido
2. tañas	tañ-ieras/ieses	hubieras tañido
3. taña	tañ-iera/iese	hubiera tañido
1. tañamos	tañ-iéramos/iésemos	hubiéramos tañido
2. tañáis	tañ-ierais/ieseis	hubierais tañido
3. tañan	tañ-ieran/iesen	hubieran tañido

PERFECT haya tañido etc

INFINITIVE	*PARTICIPLE*
PRESENT	**PRESENT**
tañer	tañendo
PAST	**PAST**
haber tañido	tañido

PRESENT	IMPERFECT	FUTURE
1. tengo	tenía	tendré
2. tienes	tenías	tendrás
3. tiene	tenía	tendrá
1. tenemos	teníamos	tendremos
2. tenéis	teníais	tendréis
3. tienen	tenían	tendrán

PRETERITE	PERFECT	PLUPERFECT
1. tuve	he tenido	había tenido
2. tuviste	has tenido	habías tenido
3. tuvo	ha tenido	había tenido
1. tuvimos	hemos tenido	habíamos tenido
2. tuvisteis	habéis tenido	habíais tenido
3. tuvieron	han tenido	habían tenido

PAST ANTERIOR
hube tenido etc

FUTURE PERFECT
habré tenido etc

CONDITIONAL

PRESENT	PAST
1. tendría	habría tenido
2. tendrías	habrías tenido
3. tendría	habría tenido
1. tendríamos	habríamos tenido
2. tendríais	habríais tenido
3. tendrían	habrían tenido

IMPERATIVE

(tú) ten
(Vd) tenga
(nosotros) tengamos
(vosotros) tened
(Vds) tengan

SUBJUNCTIVE

PRESENT	IMPERFECT	PLUPERFECT
1. tenga	tuv-iera/iese	hubiera tenido
2. tengas	tuv-ieras/ieses	hubieras tenido
3. tenga	tuv-iera/iese	hubiera tenido
1. tengamos	tuv-iéramos/iésemos	hubiéramos tenido
2. tengáis	tuv-ierais/ieseis	hubierais tenido
3. tengan	tuv-ieran/iesen	hubieran tenido

PERFECT haya tenido etc

INFINITIVE	*PARTICIPLE*
PRESENT	**PRESENT**
tener	teniendo
PAST	**PAST**
haber tenido	tenido

TOCAR to touch

PRESENT	IMPERFECT	FUTURE
1. toco	tocaba	tocaré
2. tocas	tocabas	tocarás
3. toca	tocaba	tocará
1. tocamos	tocábamos	tocaremos
2. tocáis	tocabais	tocaréis
3. tocan	tocaban	tocarán

PRETERITE	PERFECT	PLUPERFECT
1. toqué	he tocado	había tocado
2. tocaste	has tocado	habías tocado
3. tocó	ha tocado	había tocado
1. tocamos	hemos tocado	habíamos tocado
2. tocasteis	habéis tocado	habíais tocado
3. tocaron	han tocado	habían tocado

PAST ANTERIOR
hube tocado etc

FUTURE PERFECT
habré tocado etc

CONDITIONAL

PRESENT	PAST	*IMPERATIVE*
1. tocaría	habría tocado	
2. tocarías	habrías tocado	(tú) toca
3. tocaría	habría tocado	(Vd) toque
1. tocaríamos	habríamos tocado	(nosotros) toquemos
2. tocaríais	habríais tocado	(vosotros) tocad
3. tocarían	habrían tocado	(Vds) toquen

SUBJUNCTIVE

PRESENT	IMPERFECT	PLUPERFECT
1. toque	toc-ara/ase	hubiera tocado
2. toques	toc-aras/ases	hubieras tocado
3. toque	toc-ara/ase	hubiera tocado
1. toquemos	toc-áramos/ásemos	hubiéramos tocado
2. toquéis	toc-arais/aseis	hubierais tocado
3. toquen	toc-aran/asen	hubieran tocado

PERFECT haya tocado etc

INFINITIVE	*PARTICIPLE*
PRESENT	PRESENT
tocar	tocando
PAST	PAST
haber tocado	tocado

TOMAR to take

PRESENT	IMPERFECT	FUTURE
1. tomo	tomaba	tomaré
2. tomas	tomabas	tomarás
3. toma	tomaba	tomará
1. tomamos	tomábamos	tomaremos
2. tomáis	tomabais	tomaréis
3. toman	tomaban	tomarán

PRETERITE	PERFECT	PLUPERFECT
1. tomé	he tomado	había tomado
2. tomaste	has tomado	habías tomado
3. tomó	ha tomado	había tomado
1. tomamos	hemos tomado	habíamos tomado
2. tomasteis	habéis tomado	habíais tomado
3. tomaron	han tomado	habían tomado

PAST ANTERIOR
hube tomado etc

FUTURE PERFECT
habré tomado etc

CONDITIONAL

PRESENT	PAST
1. tomaría	habría tomado
2. tomarías	habrías tomado
3. tomaría	habría tomado
1. tomaríamos	habríamos tomado
2. tomaríais	habríais tomado
3. tomarían	habrían tomado

IMPERATIVE

(tú) toma
(Vd) tome
(nosotros) tomemos
(vosotros) tomad
(Vds) tomen

SUBJUNCTIVE

PRESENT	IMPERFECT	PLUPERFECT
1. tome	tom-ara/ase	hubiera tomado
2. tomes	tom-aras/ases	hubieras tomado
3. tome	tom-ara/ase	hubiera tomado
1. tomemos	tom-áramos/ásemos	hubiéramos tomado
2. toméis	tom-arais/aseis	hubierais tomado
3. tomen	tom-aran/asen	hubieran tomado

PERFECT haya tomado etc

INFINITIVE	*PARTICIPLE*
PRESENT	**PRESENT**
tomar	tomando
PAST	**PAST**
haber tomado	tomado

PRESENT	IMPERFECT	FUTURE
1. tuerzo	torcía	torceré
2. tuerces	torcías	torcerás
3. tuerce	torcía	torcerá
1. torcemos	torcíamos	torceremos
2. torcéis	torcíais	torceréis
3. tuercen	torcían	torcerán

PRETERITE	PERFECT	PLUPERFECT
1. torcí	he torcido	había torcido
2. torciste	has torcido	habías torcido
3. torció	ha torcido	había torcido
1. torcimos	hemos torcido	habíamos torcido
2. torcisteis	habéis torcido	habíais torcido
3. torcieron	han torcido	habían torcido

PAST ANTERIOR
hube torcido etc

FUTURE PERFECT
habré torcido etc

CONDITIONAL

PRESENT	PAST
1. torcería	habría torcido
2. torcerías	habrías torcido
3. torcería	habría torcido
1. torceríamos	habríamos torcido
2. torceríais	habríais torcido
3. torcerían	habrían torcido

IMPERATIVE

(tú) tuerce
(Vd) tuerza
(nosotros) torzamos
(vosotros) torced
(Vds) tuerzan

SUBJUNCTIVE

PRESENT	IMPERFECT	PLUPERFECT
1. tuerza	torc-iera/iese	hubiera torcido
2. tuerzas	torc-ieras/ieses	hubieras torcido
3. tuerza	torc-iera/iese	hubiera torcido
1. torzamos	torc-iéramos/iésemos	hubiéramos torcido
2. torzáis	torc-ierais/ieseis	hubierais torcido
3. tuerzan	torc-ieran/iesen	hubieran torcido

PERFECT haya torcido etc

INFINITIVE

PRESENT
torcer

PAST
haber torcido

PARTICIPLE

PRESENT
torciendo

PAST
torcido

PRESENT	IMPERFECT	FUTURE
1. toso	tosía	toseré
2. toses	tosías	toserás
3. tose	tosía	toserá
1. tosemos	tosíamos	toseremos
2. toséis	tosíais	toseréis
3. tosen	tosían	toserán

PRETERITE	PERFECT	PLUPERFECT
1. tosí	he tosido	había tosido
2. tosiste	has tosido	habías tosido
3. tosió	ha tosido	había tosido
1. tosimos	hemos tosido	habíamos tosido
2. tosisteis	habéis tosido	habíais tosido
3. tosieron	han tosido	habían tosido

PAST ANTERIOR
hube tosido etc

FUTURE PERFECT
habré tosido etc

CONDITIONAL / *IMPERATIVE*

PRESENT	PAST	
1. tosería	habría tosido	
2. toserías	habrías tosido	(tú) tose
3. tosería	habría tosido	(Vd) tosa
1. toseríamos	habríamos tosido	(nosotros) tosamos
2. toseríais	habríais tosido	(vosotros) tosed
3. toserían	habrían tosido	(Vds) tosan

SUBJUNCTIVE

PRESENT	IMPERFECT	PLUPERFECT
1. tosa	tos-iera/iese	hubiera tosido
2. tosas	tos-ieras/ieses	hubieras tosido
3. tosa	tos-iera/iese	hubiera tosido
1. tosamos	tos-iéramos/iésemos	hubiéramos tosido
2. tosáis	tos-ierais/ieseis	hubierais tosido
3. tosan	tos-ieran/iesen	hubieran tosido

PERFECT haya tosido etc

INFINITIVE	*PARTICIPLE*
PRESENT	**PRESENT**
toser	tosiendo
PAST	**PAST**
haber tosido	tosido

TRABAJAR to work

PRESENT	IMPERFECT	FUTURE
1. trabajo	trabajaba	trabajaré
2. trabajas	trabajabas	trabajarás
3. trabaja	trabajaba	trabajará
1. trabajamos	trabajábamos	trabajaremos
2. trabajáis	trabajabais	trabajaréis
3. trabajan	trabajaban	trabajarán
PRETERITE	**PERFECT**	**PLUPERFECT**
1. trabajé	he trabajado	había trabajado
2. trabajaste	has trabajado	habías trabajado
3. trabajó	ha trabajado	había trabajado
1. trabajamos	hemos trabajado	habíamos trabajado
2. trabajasteis	habéis trabajado	habíais trabajado
3. trabajaron	han trabajado	habían trabajado
PAST ANTERIOR		**FUTURE PERFECT**
hube trabajado etc		habré trabajado etc

CONDITIONAL / *IMPERATIVE*

PRESENT	PAST	
1. trabajaría	habría trabajado	
2. trabajarías	habrías trabajado	(tú) trabaja
3. trabajaría	habría trabajado	(Vd) trabaje
1. trabajaríamos	habríamos trabajado	(nosotros) trabajemos
2. trabajaríais	habríais trabajado	(vosotros) trabajad
3. trabajarían	habrían trabajado	(Vds) trabajen

SUBJUNCTIVE

PRESENT	IMPERFECT	PLUPERFECT
1. trabaje	trabaj-ara/ase	hubiera trabajado
2. trabajes	trabaj-aras/ases	hubieras trabajado
3. trabaje	trabaj-ara/ase	hubiera trabajado
1. trabajemos	trabaj-áramos/ásemos	hubiéramos trabajado
2. trabajéis	trabaj-arais/aseis	hubierais trabajado
3. trabajen	trabaj-aran/asen	hubieran trabajado

PERFECT haya trabajado etc

INFINITIVE	*PARTICIPLE*
PRESENT	**PRESENT**
trabajar	trabajando
PAST	**PAST**
haber trabajado	trabajado

TRADUCIR to translate

PRESENT	IMPERFECT	FUTURE
1. traduzco	traducía	traduciré
2. traduces	traducías	traducirás
3. traduce	traducía	traducirá
1. traducimos	traducíamos	traduciremos
2. traducís	traducíais	traduciréis
3. traducen	traducían	traducirán

PRETERITE	PERFECT	PLUPERFECT
1. traduje	he traducido	había traducido
2. tradujiste	has traducido	habías traducido
3. tradujo	ha traducido	había traducido
1. tradujimos	hemos traducido	habíamos traducido
2. tradujisteis	habéis traducido	habíais traducido
3. tradujeron	han traducido	habían traducido

PAST ANTERIOR
hube traducido etc

FUTURE PERFECT
habré traducido etc

CONDITIONAL

PRESENT	PAST
1. traduciría	habría traducido
2. traducirías	habrías traducido
3. traduciría	habría traducido
1. traduciríamos	habríamos traducido
2. traduciríais	habríais traducido
3. traducirían	habrían traducido

IMPERATIVE

(tú) traduce
(Vd) traduzca
(nosotros) traduzcamos
(vosotros) traducid
(Vds) traduzcan

SUBJUNCTIVE

PRESENT	IMPERFECT	PLUPERFECT
1. traduzca	traduj-era/ese	hubiera traducido
2. traduzcas	traduj-eras/eses	hubieras traducido
3. traduzca	traduj-era/ese	hubiera traducido
1. traduzcamos	traduj-éramos/ésemos	hubiéramos traducido
2. traduzcáis	traduj-erais/eseis	hubierais traducido
3. traduzcan	traduj-eran/esen	hubieran traducido

PERFECT haya traducido etc

INFINITIVE

PRESENT
traducir

PAST
haber traducido

PARTICIPLE

PRESENT
traduciendo

PAST
traducido

PRESENT	IMPERFECT	FUTURE
1. traigo	traía	traeré
2. traes	traías	traerás
3. trae	traía	traerá
1. traemos	traíamos	traeremos
2. traéis	traíais	traeréis
3. traen	traían	traerán

PRETERITE	PERFECT	PLUPERFECT
1. traje	he traído	había traído
2. trajiste	has traído	habías traído
3. trajo	ha traído	había traído
1. trajimos	hemos traído	habíamos traído
2. trajisteis	habéis traído	habíais traído
3. trajeron	han traído	habían traído

PAST ANTERIOR
hube traído etc

FUTURE PERFECT
habré traído etc

CONDITIONAL

PRESENT	PAST
1. traería	habría traído
2. traerías	habrías traído
3. traería	habría traído
1. traeríamos	habríamos traído
2. traeríais	habríais traído
3. traerían	habrían traído

IMPERATIVE

(tú) trae
(Vd) traiga
(nosotros) traigamos
(vosotros) traed
(Vds) traigan

SUBJUNCTIVE

PRESENT	IMPERFECT	PLUPERFECT
1. traiga	traj-era/ese	hubiera traído
2. traigas	traj-eras/eses	hubieras traído
3. traiga	traj-era/ese	hubiera traído
1. traigamos	traj-éramos/ésemos	hubiéramos traído
2. traigáis	traj-erais/eseis	hubierais traído
3. traigan	traj-eran/esen	hubieran traído

PERFECT haya traído etc

INFINITIVE

PRESENT
traer

PAST
haber traído

PARTICIPLE

PRESENT
trayendo

PAST
traído

PRESENT	IMPERFECT	FUTURE
3. truena	tronaba	tronará

PRETERITE	PERFECT	PLUPERFECT
3. tronó	ha tronado	había tronado

PAST ANTERIOR
hubo tronado

FUTURE PERFECT
habrá tronado

CONDITIONAL

PRESENT	PAST
3. tronaría	habría tronado

IMPERATIVE

SUBJUNCTIVE

PRESENT	IMPERFECT	PLUPERFECT
3. truene	tron-ara/ase	hubiera tronado

PERFECT haya tronado

INFINITIVE
PRESENT
tronar
PAST
haber tronado

PARTICIPLE
PRESENT
tronando
PAST
tronado

TROPEZAR to trip, to stumble

PRESENT	IMPERFECT	FUTURE
1. tropiezo	tropezaba	tropezaré
2. tropiezas	tropezabas	tropezarás
3. tropieza	tropezaba	tropezará
1. tropezamos	tropezábamos	tropezaremos
2. tropezáis	tropezabais	tropezaréis
3. tropiezan	tropezaban	tropezarán

PRETERITE	PERFECT	PLUPERFECT
1. tropecé	he tropezado	había tropezado
2. tropezaste	has tropezado	habías tropezado
3. tropezó	ha tropezado	había tropezado
1. tropezamos	hemos tropezado	habíamos tropezado
2. tropezasteis	habéis tropezado	habíais tropezado
3. tropezaron	han tropezado	habían tropezado

PAST ANTERIOR
hube tropezado etc

FUTURE PERFECT
habré tropezado etc

CONDITIONAL

PRESENT	PAST	*IMPERATIVE*
1. tropezaría	habría tropezado	
2. tropezarías	habrías tropezado	(tú) tropieza
3. tropezaría	habría tropezado	(Vd) tropiece
1. tropezaríamos	habríamos tropezado	(nosotros) tropecemos
2. tropezaríais	habríais tropezado	(vosotros) tropezad
3. tropezarían	habrían tropezado	(Vds) tropiecen

SUBJUNCTIVE

PRESENT	IMPERFECT	PLUPERFECT
1. tropiece	tropez-ara/ase	hubiera tropezado
2. tropieces	tropez-aras/ases	hubieras tropezado
3. tropiece	tropez-ara/ase	hubiera tropezado
1. tropecemos	tropez-áramos/ásemos	hubiéramos tropezado
2. tropecéis	tropez-arais/aseis	hubierais tropezado
3. tropiecen	tropez-aran/asen	hubieran tropezado

PERFECT haya tropezado etc

INFINITIVE

PRESENT
tropezar

PAST
haber tropezado

PARTICIPLE

PRESENT
tropezando

PAST
tropezado

PRESENT	IMPERFECT	FUTURE
1. vacío	vaciaba	vaciaré
2. vacías	vaciabas	vaciarás
3. vacía	vaciaba	vaciará
1. vaciamos	vaciábamos	vaciaremos
2. vaciáis	vaciabais	vaciaréis
3. vacían	vaciaban	vaciarán
PRETERITE	**PERFECT**	**PLUPERFECT**
1. vacié	he vaciado	había vaciado
2. vaciaste	has vaciado	habías vaciado
3. vació	ha vaciado	había vaciado
1. vaciamos	hemos vaciado	habíamos vaciado
2. vaciasteis	habéis vaciado	habíais vaciado
3. vaciaron	han vaciado	habían vaciado
PAST ANTERIOR		**FUTURE PERFECT**
hube vaciado etc		habré vaciado etc

CONDITIONAL / *IMPERATIVE*

PRESENT	PAST	
1. vaciaría	habría vaciado	
2. vaciarías	habrías vaciado	(tú) vacía
3. vaciaría	habría vaciado	(Vd) vacíe
1. vaciaríamos	habríamos vaciado	(nosotros) vaciemos
2. vaciaríais	habríais vaciado	(vosotros) vaciad
3. vaciarían	habrían vaciado	(Vds) vacíen

SUBJUNCTIVE

PRESENT	IMPERFECT	PLUPERFECT
1. vacíe	vaci-ara/ase	hubiera vaciado
2. vacíes	vaci-aras/ases	hubieras vaciado
3. vacíe	vaci-ara/ase	hubiera vaciado
1. vaciemos	vaci-áramos/ásemos	hubiéramos vaciado
2. vaciéis	vaci-arais/aseis	hubierais vaciado
3. vacíen	vaci-aran/asen	hubieran vaciado

PERFECT haya vaciado etc

INFINITIVE	*PARTICIPLE*
PRESENT	**PRESENT**
vaciar	vaciando
PAST	**PAST**
haber vaciado	vaciado

PRESENT	IMPERFECT	FUTURE
1. valgo	valía	valdré
2. vales	valías	valdrás
3. vale	valía	valdrá
1. valemos	valíamos	valdremos
2. valéis	valíais	valdréis
3. valen	valían	valdrán

PRETERITE	PERFECT	PLUPERFECT
1. valí	he valido	había valido
2. valiste	has valido	habías valido
3. valió	ha valido	había valido
1. valimos	hemos valido	habíamos valido
2. valisteis	habéis valido	habíais valido
3. valieron	han valido	habían valido

PAST ANTERIOR
hube valido etc

FUTURE PERFECT
habré valido etc

CONDITIONAL

PRESENT	PAST
1. valdría	habría valido
2. valdrías	habrías valido
3. valdría	habría valido
1. valdríamos	habríamos valido
2. valdríais	habríais valido
3. valdrían	habrían valido

IMPERATIVE

(tú) vale
(Vd) valga
(nosotros) valgamos
(vosotros) valed
(Vds) valgan

SUBJUNCTIVE

PRESENT	IMPERFECT	PLUPERFECT
1. valga	val-iera/iese	hubiera valido
2. valgas	val-ieras/ieses	hubieras valido
3. valga	val-iera/iese	hubiera valido
1. valgamos	val-iéramos/iésemos	hubiéramos valido
2. valgáis	val-ierais/ieseis	hubierais valido
3. valgan	val-ieran/iesen	hubieran valido

PERFECT haya valido etc

INFINITIVE	*PARTICIPLE*
PRESENT	**PRESENT**
valer	valiendo
PAST	**PAST**
haber valido	valido

VENCER to win, to defeat

PRESENT	IMPERFECT	FUTURE
1. venzo	vencía	venceré
2. vences	vencías	vencerás
3. vence	vencía	vencerá
1. vencemos	vencíamos	venceremos
2. vencéis	vencíais	venceréis
3. vencen	vencían	vencerán
PRETERITE	**PERFECT**	**PLUPERFECT**
1. vencí	he vencido	había vencido
2. venciste	has vencido	habías vencido
3. venció	ha vencido	había vencido
1. vencimos	hemos vencido	habíamos vencido
2. vencisteis	habéis vencido	habíais vencido
3. vencieron	han vencido	habían vencido
PAST ANTERIOR		**FUTURE PERFECT**
hube vencido etc		habré vencido etc

CONDITIONAL / *IMPERATIVE*

PRESENT	PAST	
1. vencería	habría vencido	
2. vencerías	habrías vencido	(tú) vence
3. vencería	habría vencido	(Vd) venza
1. venceríamos	habríamos vencido	(nosotros) venzamos
2. venceríais	habríais vencido	(vosotros) venced
3. vencerían	habrían vencido	(Vds) venzan

SUBJUNCTIVE

PRESENT	IMPERFECT	PLUPERFECT
1. venza	venc-iera/iese	hubiera vencido
2. venzas	venc-ieras/ieses	hubieras vencido
3. venza	venc-iera/iese	hubiera vencido
1. venzamos	venc-iéramos/iésemos	hubiéramos vencido
2. venzáis	venc-ierais/ieseis	hubierais vencido
3. venzan	venc-ieran/iesen	hubieran vencido

PERFECT haya vencido etc

INFINITIVE	*PARTICIPLE*
PRESENT	**PRESENT**
vencer	venciendo
PAST	**PAST**
haber vencido	vencido

PRESENT	IMPERFECT	FUTURE
1. vendo	vendía	venderé
2. vendes	vendías	venderás
3. vende	vendía	venderá
1. vendemos	vendíamos	venderemos
2. vendéis	vendíais	venderéis
3. venden	vendían	venderán

PRETERITE	PERFECT	PLUPERFECT
1. vendí	he vendido	había vendido
2. vendiste	has vendido	habías vendido
3. vendió	ha vendido	había vendido
1. vendimos	hemos vendido	habíamos vendido
2. vendisteis	habéis vendido	habíais vendido
3. vendieron	han vendido	habían vendido

PAST ANTERIOR
hube vendido etc

FUTURE PERFECT
habré vendido etc

CONDITIONAL

PRESENT	PAST
1. vendería	habría vendido
2. venderías	habrías vendido
3. vendería	habría vendido
1. venderíamos	habríamos vendido
2. venderíais	habríais vendido
3. venderían	habrían vendido

IMPERATIVE

(tú) vende
(Vd) venda
(nosotros) vendamos
(vosotros) vended
(Vds) vendan

SUBJUNCTIVE

PRESENT	IMPERFECT	PLUPERFECT
1. venda	vend-iera/iese	hubiera vendido
2. vendas	vend-ieras/ieses	hubieras vendido
3. venda	vend-iera/iese	hubiera vendido
1. vendamos	vend-iéramos/iésemos	hubiéramos vendido
2. vendáis	vend-ierais/ieseis	hubierais vendido
3. vendan	vend-ieran/iesen	hubieran vendido

PERFECT haya vendido etc

INFINITIVE	*PARTICIPLE*
PRESENT	**PRESENT**
vender	vendiendo
PAST	**PAST**
haber vendido	vendido

VENIR to come

PRESENT	IMPERFECT	FUTURE
1. vengo	venía	vendré
2. vienes	venías	vendrás
3. viene	venía	vendrá
1. venimos	veníamos	vendremos
2. venís	veníais	vendréis
3. vienen	venían	vendrán
PRETERITE	**PERFECT**	**PLUPERFECT**
1. vine	he venido	había venido
2. viniste	has venido	habías venido
3. vino	ha venido	había venido
1. vinimos	hemos venido	habíamos venido
2. vinisteis	habéis venido	habíais venido
3. vinieron	han venido	habían venido
PAST ANTERIOR		**FUTURE PERFECT**
hube venido etc		habré venido etc

CONDITIONAL		*IMPERATIVE*
PRESENT	**PAST**	
1. vendría	habría venido	
2. vendrías	habrías venido	(tú) ven
3. vendría	habría venido	(Vd) venga
1. vendríamos	habríamos venido	(nosotros) vengamos
2. vendríais	habríais venido	(vosotros) venid
3. vendrían	habrían venido	(Vds) vengan

SUBJUNCTIVE		
PRESENT	**IMPERFECT**	**PLUPERFECT**
1. venga	vin-iera/iese	hubiera venido
2. vengas	vin-ieras/ieses	hubieras venido
3. venga	vin-iera/iese	hubiera venido
1. vengamos	vin-iéramos/iésemos	hubiéramos venido
2. vengáis	vin-ierais/ieseis	hubierais venido
3. vengan	vin-ieran/iesen	hubieran venido
PERFECT	haya venido etc	

INFINITIVE	*PARTICIPLE*
PRESENT	**PRESENT**
venir	viniendo
PAST	**PAST**
haber venido	venido

PRESENT	IMPERFECT	FUTURE
1. veo	veía	veré
2. ves	veías	verás
3. ve	veía	verá
1. vemos	veíamos	veremos
2. veis	veíais	veréis
3. ven	veían	verán

PRETERITE	PERFECT	PLUPERFECT
1. vi	he visto	había visto
2. viste	has visto	habías visto
3. vio	ha visto	había visto
1. vimos	hemos visto	habíamos visto
2. visteis	habéis visto	habíais visto
3. vieron	han visto	habían visto

PAST ANTERIOR		FUTURE PERFECT
hube visto etc		habré visto etc

CONDITIONAL / *IMPERATIVE*

PRESENT	PAST	
1. vería	habría visto	
2. verías	habrías visto	(tú) ve
3. vería	habría visto	(Vd) vea
1. veríamos	habríamos visto	(nosotros) veamos
2. veríais	habríais visto	(vosotros) ved
3. verían	habrían visto	(Vds) vean

SUBJUNCTIVE

PRESENT	IMPERFECT	PLUPERFECT
1. vea	v-iera/iese	hubiera visto
2. veas	v-ieras/ieses	hubieras visto
3. vea	v-iera/iese	hubiera visto
1. veamos	v-iéramos/iésemos	hubiéramos visto
2. veáis	v-ierais/ieseis	hubierais visto
3. vean	v-ieran/iesen	hubieran visto

PERFECT haya visto etc

INFINITIVE	*PARTICIPLE*
PRESENT	PRESENT
ver	viendo
PAST	PAST
haber visto	visto

PRESENT	IMPERFECT	FUTURE
1. me visto	me vestía	me vestiré
2. te vistes	te vestías	te vestirás
3. se viste	se vestía	se vestirá
1. nos vestimos	nos vestíamos	nos vestiremos
2. os vestís	os vestíais	os vestiréis
3. se visten	se vestían	se vestirán

PRETERITE	PERFECT	PLUPERFECT
1. me vestí	me he vestido	me había vestido
2. te vestiste	te has vestido	te habías vestido
3. se vistió	se ha vestido	se había vestido
1. nos vestimos	nos hemos vestido	nos habíamos vestido
2. os vestisteis	os habéis vestido	os habíais vestido
3. se vistieron	se han vestido	se habían vestido

PAST ANTERIOR	FUTURE PERFECT
me hube vestido etc	me habré vestido etc

CONDITIONAL / *IMPERATIVE*

PRESENT	PAST	IMPERATIVE
1. me vestiría	me habría vestido	
2. te vestirías	te habrías vestido	(tú) vístete
3. se vestiría	se habría vestido	(Vd) vístase
1. nos vestiríamos	nos habríamos vestido	(nosotros) vistámonos
2. os vestiríais	os habríais vestido	(vosotros) vestíos
3. se vestirían	se habrían vestido	(Vds) vístanse

SUBJUNCTIVE

PRESENT	IMPERFECT	PLUPERFECT
1. me vista	me vist-iera/iese	me hubiera vestido
2. te vistas	te vist-ieras/ieses	te hubieras vestido
3. se vista	se vist-iera/iese	se hubiera vestido
1. nos vistamos	nos vist-iéramos/iésemos	nos hubiéramos vestido
2. os vistáis	os vist-ierais/ieseis	os hubierais vestido
3. se vistan	se vist-ieran/iesen	se hubieran vestido

PERFECT me haya vestido etc

INFINITIVE	*PARTICIPLE*
PRESENT	**PRESENT**
vestirse	vistiéndose
PAST	**PAST**
haberse vestido	vestido

VIAJAR to travel

PRESENT	IMPERFECT	FUTURE
1. viajo	viajaba	viajaré
2. viajas	viajabas	viajarás
3. viaja	viajaba	viajará
1. viajamos	viajábamos	viajaremos
2. viajáis	viajabais	viajaréis
3. viajan	viajaban	viajarán

PRETERITE	PERFECT	PLUPERFECT
1. viajé	he viajado	había viajado
2. viajaste	has viajado	habías viajado
3. viajó	ha viajado	había viajado
1. viajamos	hemos viajado	habíamos viajado
2. viajasteis	habéis viajado	habíais viajado
3. viajaron	han viajado	habían viajado

PAST ANTERIOR		FUTURE PERFECT
hube viajado etc		habré viajado etc

CONDITIONAL / *IMPERATIVE*

PRESENT	PAST	
1. viajaría	habría viajado	
2. viajarías	habrías viajado	(tú) viaja
3. viajaría	habría viajado	(Vd) viaje
1. viajaríamos	habríamos viajado	(nosotros) viajemos
2. viajaríais	habríais viajado	(vosotros) viajad
3. viajarían	habrían viajado	(Vds) viajen

SUBJUNCTIVE

PRESENT	IMPERFECT	PLUPERFECT
1. viaje	viaj-ara/ase	hubiera viajado
2. viajes	viaj-aras/ases	hubieras viajado
3. viaje	viaj-ara/ase	hubiera viajado
1. viajemos	viaj-áramos/ásemos	hubiéramos viajado
2. viajéis	viaj-arais/aseis	hubierais viajado
3. viajen	viaj-aran/asen	hubieran viajado

PERFECT haya viajado etc

INFINITIVE	*PARTICIPLE*
PRESENT	**PRESENT**
viajar	viajando
PAST	**PAST**
haber viajado	viajado

PRESENT	IMPERFECT	FUTURE
1. vivo	vivía	viviré
2. vives	vivías	vivirás
3. vive	vivía	vivirá
1. vivimos	vivíamos	viviremos
2. vivís	vivíais	viviréis
3. viven	vivían	vivirán

PRETERITE	PERFECT	PLUPERFECT
1. viví	he vivido	había vivido
2. viviste	has vivido	habías vivido
3. vivió	ha vivido	había vivido
1. vivimos	hemos vivido	habíamos vivido
2. vivisteis	habéis vivido	habíais vivido
3. vivieron	han vivido	habían vivido

PAST ANTERIOR		FUTURE PERFECT
hube vivido etc		habré vivido etc

CONDITIONAL / *IMPERATIVE*

PRESENT	PAST	
1. viviría	habría vivido	
2. vivirías	habrías vivido	(tú) vive
3. viviría	habría vivido	(Vd) viva
1. viviríamos	habríamos vivido	(nosotros) vivamos
2. viviríais	habríais vivido	(vosotros) vivid
3. vivirían	habrían vivido	(Vds) vivan

SUBJUNCTIVE

PRESENT	IMPERFECT	PLUPERFECT
1. viva	viv-iera/iese	hubiera vivido
2. vivas	viv-ieras/ieses	hubieras vivido
3. viva	viv-iera/iese	hubiera vivido
1. vivamos	viv-iéramos/iésemos	hubiéramos vivido
2. viváis	viv-ierais/ieseis	hubierais vivido
3. vivan	viv-ieran/iesen	hubieran vivido

PERFECT haya vivido etc

INFINITIVE	*PARTICIPLE*
PRESENT	**PRESENT**
vivir	viviendo
PAST	**PAST**
haber vivido	vivido

PRESENT	IMPERFECT	FUTURE
1. vuelo	volaba	volaré
2. vuelas	volabas	volarás
3. vuela	volaba	volará
1. volamos	volábamos	volaremos
2. voláis	volabais	volaréis
3. vuelan	volaban	volarán

PRETERITE	PERFECT	PLUPERFECT
1. volé	he volado	había volado
2. volaste	has volado	habías volado
3. voló	ha volado	había volado
1. volamos	hemos volado	habíamos volado
2. volasteis	habéis volado	habíais volado
3. volaron	han volado	habían volado

PAST ANTERIOR
hube volado etc

FUTURE PERFECT
habré volado etc

CONDITIONAL

PRESENT	PAST
1. volaría	habría volado
2. volarías	habrías volado
3. volaría	habría volado
1. volaríamos	habríamos volado
2. volaríais	habríais volado
3. volarían	habrían volado

IMPERATIVE

(tú) vuela
(Vd) vuele
(nosotros) volemos
(vosotros) volad
(Vds) vuelen

SUBJUNCTIVE

PRESENT	IMPERFECT	PLUPERFECT
1. vuele	vol-ara/ase	hubiera volado
2. vueles	vol-aras/ases	hubieras volado
3. vuele	vol-ara/ase	hubiera volado
1. volemos	vol-áramos/ásemos	hubiéramos volado
2. voléis	vol-arais/aseis	hubierais volado
3. vuelen	vol-aran/asen	hubieran volado

PERFECT haya volado etc

INFINITIVE	*PARTICIPLE*
PRESENT	**PRESENT**
volar	volando
PAST	**PAST**
haber volado	volado

PRESENT	IMPERFECT	FUTURE
1. vuelco	volcaba	volcaré
2. vuelcas	volcabas	volcarás
3. vuelca	volcaba	volcará
1. volcamos	volcábamos	volcaremos
2. volcáis	volcabais	volcaréis
3. vuelcan	volcaban	volcarán

PRETERITE	PERFECT	PLUPERFECT
1. volqué	he volcado	había volcado
2. volcaste	has volcado	habías volcado
3. volcó	ha volcado	había volcado
1. volcamos	hemos volcado	habíamos volcado
2. volcasteis	habéis volcado	habíais volcado
3. volcaron	han volcado	habían volcado

PAST ANTERIOR
hube volcado etc

FUTURE PERFECT
habré volcado etc

CONDITIONAL / *IMPERATIVE*

PRESENT	PAST	
1. volcaría	habría volcado	
2. volcarías	habrías volcado	(tú) vuelca
3. volcaría	habría volcado	(Vd) vuelque
1. volcaríamos	habríamos volcado	(nosotros) volquemos
2. volcaríais	habríais volcado	(vosotros) volcad
3. volcarían	habrían volcado	(Vds) vuelquen

SUBJUNCTIVE

PRESENT	IMPERFECT	PLUPERFECT
1. vuelque	volc-ara/ase	hubiera volcado
2. vuelques	volc-aras/ases	hubieras volcado
3. vuelque	volc-ara/ase	hubiera volcado
1. volquemos	volc-áramos/ásemos	hubiéramos volcado
2. volquéis	volc-arais/aseis	hubierais volcado
3. vuelquen	volc-aran/asen	hubieran volcado

PERFECT haya volcado etc

INFINITIVE	*PARTICIPLE*
PRESENT	**PRESENT**
volcar	volcando
PAST	**PAST**
haber volcado	volcado

VOLVER to return

PRESENT	IMPERFECT	FUTURE
1. vuelvo	volvía	volveré
2. vuelves	volvías	volverás
3. vuelve	volvía	volverá
1. volvemos	volvíamos	volveremos
2. volvéis	volvíais	volveréis
3. vuelven	volvían	volverán

PRETERITE	PERFECT	PLUPERFECT
1. volví	he vuelto	había vuelto
2. volviste	has vuelto	habías vuelto
3. volvió	ha vuelto	había vuelto
1. volvimos	hemos vuelto	habíamos vuelto
2. volvisteis	habéis vuelto	habíais vuelto
3. volvieron	han vuelto	habían vuelto

PAST ANTERIOR

hube vuelto etc

FUTURE PERFECT

habré vuelto etc

CONDITIONAL

PRESENT	PAST	*IMPERATIVE*
1. volvería	habría vuelto	
2. volverías	habrías vuelto	(tú) vuelve
3. volvería	habría vuelto	(Vd) vuelva
1. volveríamos	habríamos vuelto	(nosotros) volvamos
2. volveríais	habríais vuelto	(vosotros) volved
3. volverían	habrían vuelto	(Vds) vuelvan

SUBJUNCTIVE

PRESENT	IMPERFECT	PLUPERFECT
1. vuelva	volv-iera/iese	hubiera vuelto
2. vuelvas	volv-ieras/ieses	hubieras vuelto
3. vuelva	volv-iera/iese	hubiera vuelto
1. volvamos	volv-iéramos/iésemos	hubiéramos vuelto
2. volváis	volv-ierais/ieseis	hubierais vuelto
3. vuelvan	volv-ieran/iesen	hubieran vuelto

PERFECT haya vuelto etc

INFINITIVE	*PARTICIPLE*
PRESENT	**PRESENT**
volver	volviendo
PAST	**PAST**
haber vuelto	vuelto

PRESENT	IMPERFECT	FUTURE
1. yazgo/yago/yazco	yacía	yaceré
2. yaces	yacías	yacerás
3. yace	yacía	yacerá
1. yacemos	yacíamos	yaceremos
2. yacéis	yacíais	yaceréis
3. yacen	yacían	yacerán

PRETERITE	PERFECT	PLUPERFECT
1. yací	he yacido	había yacido
2. yaciste	has yacido	habías yacido
3. yació	ha yacido	había yacido
1. yacimos	hemos yacido	habíamos yacido
2. yacisteis	habéis yacido	habíais yacido
3. yacieron	han yacido	habían yacido

PAST ANTERIOR
hube yacido etc

FUTURE PERFECT
habré yacido etc

CONDITIONAL / *IMPERATIVE*

PRESENT	PAST	IMPERATIVE
1. yacería	habría yacido	
2. yacerías	habrías yacido	(tú) yace
3. yacería	habría yacido	(Vd) yazga
1. yaceríamos	habríamos yacido	(nosotros) yazgamos
2. yaceríais	habríais yacido	(vosotros) yaced
3. yacerían	habrían yacido	(Vds) yazgan

SUBJUNCTIVE

PRESENT	IMPERFECT	PLUPERFECT
1. yazga	yac-iera/iese	hubiera yacido
2. yazgas	yac-ieras/ieses	hubieras yacido
3. yazga	yac-iera/iese	hubiera yacido
1. yazgamos	yac-iéramos/iésemos	hubiéramos yacido
2. yazgáis	yac-ierais/ieseis	hubierais yacido
3. yazgan	yac-ieran/iesen	hubieran yacido

PERFECT haya yacido etc

INFINITIVE
PRESENT
yacer
PAST
haber yacido

PARTICIPLE
PRESENT
yaciendo
PAST
yacido

NOTE
Present subjunctive:
The following forms are also found:
yazca/yaga etc

PRESENT	IMPERFECT	FUTURE
1. zurzo	zurcía	zurciré
2. zurces	zurcías	zurcirás
3. zurce	zurcía	zurcirá
1. zurcimos	zurcíamos	zurciremos
2. zurcís	zurcíais	zurciréis
3. zurcen	zurcían	zurcirán

PRETERITE	PERFECT	PLUPERFECT
1. zurcí	he zurcido	había zurcido
2. zurciste	has zurcido	habías zurcido
3. zurció	ha zurcido	había zurcido
1. zurcimos	hemos zurcido	habíamos zurcido
2. zurcisteis	habéis zurcido	habíais zurcido
3. zurcieron	han zurcido	habían zurcido

PAST ANTERIOR		FUTURE PERFECT
hube zurcido etc		habré zurcido etc

CONDITIONAL / *IMPERATIVE*

PRESENT	PAST	
1. zurciría	habría zurcido	
2. zurcirías	habrías zurcido	(tú) zurce
3. zurciría	habría zurcido	(Vd) zurza
1. zurciríamos	habríamos zurcido	(nosotros) zurzamos
2. zurciríais	habríais zurcido	(vosotros) zurcid
3. zurcirían	habrían zurcido	(Vds) zurzan

SUBJUNCTIVE

PRESENT	IMPERFECT	PLUPERFECT
1. zurza	zurc-iera/iese	hubiera zurcido
2. zurzas	zurc-ieras/ieses	hubieras zurcido
3. zurza	zurc-iera/iese	hubiera zurcido
1. zurzamos	zurc-iéramos/iésemos	hubiéramos zurcido
2. zurzáis	zurc-ierais/ieseis	hubierais zurcido
3. zurzan	zurc-ieran/iesen	hubieran zurcido

PERFECT haya zurcido etc

INFINITIVE	*PARTICIPLE*
PRESENT	**PRESENT**
zurcir	zurciendo
PAST	**PAST**
haber zurcido	zurcido

INDEX OF SPANISH VERBS

The verbs given in full in the tables on the preceding pages are used as models for all other Spanish verbs given in this index. The number in the index is that of the corresponding *verb table*.

The index also contains irregular verb forms. These are each referred to the respective infinitive form of the same verb.

All verbs in this index have been referred to model verbs with corresponding features wherever possible. Most reflexive verbs have been referred to reflexive model verbs. However, if this model is not reflexive, the reflexive pronouns have to be added.

Bold type denotes a verb that is itself given as a model.

Note that in the Spanish alphabet, 'ñ' comes after 'n' in alphabetical order.

ENGLISH-SPANISH INDEX

The following index contains over 1700 common English verbs and their main translations. Note that the correct translation for the English verb depends entirely on the context in which the verb is used and the user should consult a dictionary if in any doubt.

The verbs given in full in the tables in the main part of this book are used as models for the Spanish verbs given in this index. The number in this index is that of the corresponding verb table.

Bold type denotes a verb that is given as a model itself.